古诗苑汉英译丛

宋 词

今 译 聂鑫森

英 译 杨宪益 戴乃迭等

外文出版社

图书在版编目（CIP）数据

宋词：汉英对照/聂鑫森今译；杨宪益等英译.
-北京：外文出版社，2001.1
（古诗苑汉英译丛）
ISBN 7-119-02819-7

Ⅰ.宋… Ⅱ.①聂… ②杨… Ⅲ.英语-对照读物，宋词-汉、英
Ⅳ.H319.4：I

中国版本图书馆 CIP 数据核字（2001）第 00309 号

外文出版社网页：http：//www.flp.com.cn
外文出版社电子邮件地址：info@flp.com.cn
　　　　　　　　　　　sales@flp.com.cn

今　　译：聂鑫森
英　　译：杨宪益　戴乃迭等
插　　图：上官丰　高　俊
美　　编：上官丰　周大光
封面设计：吴　涛
责任编辑：兰佩瑾　蔡莉莉

宋　词

ⓒ外文出版社出版
（中国北京百万庄路 24 号　邮编：100037）
北京市顺义振华印厂印刷
2001 年第 1 版
2003 年第 1 版第 2 次印刷
开本：203×135 毫米　1/32　印张：10.125
字数：128 千字　印数：8001—11000
ISBN 7-119-02819-7/I.682（外）
定价：17.00 元
总定价（全 5 册）：72.00 元

目　录

把三千年的过去译给未来
——古诗苑汉英译丛总序

野莽

一字一音地编读完这套译丛，打开电脑作序，不知怎么就跳出了这一句话。不敢说有什么诗意，倒自觉得更像是一句流行于二十世纪末的通俗歌词。不过中国最古的诗和歌生来一体，而我们的这套译丛，则恰好是五本古典诗歌的今译，因此这个序名的无论似诗或歌，都可以算是比较说得过去的了。

岂止是诗歌，丛书中的六个品种，即古诗、译诗、题析、注释、图画、英译，每一种又都是一门学问，读了它除却可做诗人，还可做学者、画家和翻译，甚而至于兼各科为一的大文士。《宋书·符瑞志下》曰："草木花多五出，花雪独六出。"古人又云："瑞雪分六出，乐兆丰年。"出者角也，前者是说唯有雪花比草木之花多长了一角。当然这话是宋朝的脑筋急转弯，雪花与草木之花原本是不同科的，何况草木之花中花瓣比六角还多的比比皆是。后者则是说明六角瑞雪的好处。本书体例取其诗意，不予雄辩，而欣喜于六角雪花的吉兆。

我的要求是古诗中的每一个字词，都准确而优美地翻译在新的诗中，并且句数相等，尤其也要有着韵律。要达到以上各项指标，自然是一件困难的事情，但是我却不能为了容易,就在这五卷诗书上胡作非为。我恍如独钓寒江的笠翁,忽而又拔剑四顾,在茫茫人海中寻找着合适的译者。于是,选中了四位所信赖的作家,两位是二十年来驰骋于中国当代文坛的短篇大王,宝刀愈锋的南王聂鑫森和倚马万言的北王阿成,一位是妙著满天的津门文侠林希,一位是名扬海外的楚天儒士杨书案。对于这套译丛而言,以上是当代作家包括走红作家中极为难得的几位,通过他们大量文章中的文化韵味,我认准了他们的涉猎之广,学识之博,修养之深,品位之高,足可以担纲译古为今的重任。特别难得的还有一条,记忆中的他们都是诗人出身的小说家,以原名侯红鹅的林希先生为例,早在1955年,19岁的他,七月派诗人的浪漫追随者,78名"胡风反革命集团份子"中最年轻的一名,已经写出许多同那个年代一道溶入历史的诗篇了。

如同相信人无完人,我也相信着才有通才。回想近些年来,每当我将作出一项大的出版计划的时候,脑子里总会自然而然地走来以上几位朋友。私心中有一个想法稀奇古怪而又顽固不化,我这样想着,假使某一天我邀请他们各自写一本关于二十一世纪中国的前途和命运的书,他们同样会写得比别人精彩。当然,研究原子弹的论著应当除外。这套丛书的译者我之所以选择了曾是诗人的作家而非一直研究的学者,还有一个主要的因素,乃是希望那些已被历朝各代无数专家逐一考证过的千古绝唱,此次能够以别一种诗,一种潇洒自如才华横溢但却信达典雅再现原作的白话新诗的形式,连同精到的题析和美丽的图画,展示在不满足于仅有注释的青年读者的眼前。我是觉得我们的青年读者在咀嚼古典的同时,还应该被熏染上一点灵动的想象和飞扬的才气,能够学会做诗更好。由于我的近乎苛刻的总体构思,这一套向世界的新千年献礼的译丛,一定要光彩照人地出现在中国首都的新书展台,因此和过去的历次合作一样,他们作为任务接受了我的邀请,并且立刻停止了手里的文事,延迟了别家的稿期,闭门谢客,埋首俯案,引经据典,高歌长吟。

二十天后,南王聂鑫森的《宋词》译注和北王阿成的《唐诗》译注几乎同时来到我的案上。写过老、庄、孔、孙、韩非诸子以及炎黄始祖的杨书案,他的选题是我命定的,因是楚人,必译《楚辞》,他居然敢继郭老沫若先生的诗译离骚之后,苦心孤诣将屈子那长达数百行的《离骚》一韵到底地翻译下来。而分得《乐府》的林希此时恰好处在一件好事的节骨眼上,新买的宝舍正大兴砖木,连书房也进去不得,他把电脑搬到走廊上,因陋就简地给我敲起了《孔雀东南飞》。最迟也不过一月有余,海蓝色的特快专递又到了我的手中。多年来一到关键时刻,我们之间就开展着这种蓝色的联系。蓝色大信封里有一张张小巧的磁盘,插入电脑软区将它打开,漂亮而工整的译诗令我心生感激。载有译诗的特快专递,使我鬼使神差想起一种名叫快译通的电器,不禁独自得意,开心不已。

"六角雪"中还有重要的一角,对于某一类读者来说,这一角也许有着顶尖重要的意义,那就是英译。纵然在中西文化的鸿沟边,从来就残酷地竖立着一块禁牌,于是一个"诗不可译"的神话就像真理一样在学术界四下流传。然而我们的青年读者,你们知道这套经典古诗的英文译者是谁吗?本世纪的三十年代,在英国剑桥留学的有一位名叫杨宪益的中国才子,他曾经第一个以《红楼梦》的美妙译文倾倒了西方人。这位名不虚传的中国当代首席翻译家和他的英国夫人戴乃迭,自五十年代起就领导着一批学贯中西,籍贯也横跨中西的翻译家,用了半个世纪的时间将这批古诗点滴译成,相继刊发,今天第一次汇为本译丛的洋洋五卷。非常痛心,五卷古诗的主要译者之一,英国传教士的女儿,杰出的英文翻译家,生于中国嫁于中国的戴乃迭女士,就在这五卷浸透了她一生心血的中国古诗的出版过程中,竟长眠于她的第二故乡中国了。我们在此向她致以深深的敬意和浓浓的哀思,也请英文读者们永远地记住她的名字。

谈到英译,必须向读者说明一个大家也许很快就会觉察的问题,那就是古诗英译和白话诗译的句式、风格乃至词意的不尽相同。此中的原因非常简单,多少年前的英文译诗是直接取自古诗,而多少年后的白话译诗更是直接取自古诗,它们就好比一个父亲不同情况下的两个孩子,如果它们分别更像自己的父亲,而兄弟之间略存差异,这便恰好是比较合乎逻辑的了。在《宋词》这一卷中,其英文译作在过去的期刊上发表以及以某种对照文本结集出版的时候,均以词牌的名字替代了词名,这次因考虑到同一词牌,甚至同一作家同一词牌的作品不在少数,而词牌作为一种词作韵调句式的外在体例,是不能够代表其词的真意的,于是在本译丛的这一卷中采取了在原词牌下统统加上本词首句英译文的办法。这办法未必是最合适的,其它内容方面尚待商榷的问题也许更多,由于译、注、编、校等各个环节人员的有限的水平,谬误之处自当难免。我们从首版印发之前就开始研究解决的办法,其中包括请各界读者批评指出之后,当再版的时候我们进行认真的修订,以求逐步提高和完善,使其真正成为青年必读的好书。

专家考证,自《诗经》中第一首诗歌始,迄今已有了近三千年的诗的历史。在下一个千年到来之际,向世界号称诗国的我们将三千年的经典诗词进行精编新译,隆重出版,以此作为对未来世界的一项文化献礼。

是为古诗苑汉英译丛总序。

1999 年 11 月 25 日·听风楼

雨霖铃

柳 永

　　以冷落的秋景作为衬托，来表达与爱人难以割舍的离情。

雨霖铃

柳 永

寒蝉凄切。
对长亭晚，
骤雨初歇①。
都门帐饮无绪②，
留恋处、兰舟催发③。
执手相看泪眼，
竟无语凝噎④。
念去去、千里烟波⑤，
暮霭沉沉楚天阔⑥。

多情自古伤离别。
更那堪、冷落清秋节⑦。
今宵酒醒何处，

---

① 骤雨：急雨、暴雨。
② 都门：都城汴京城外。帐饮：搭帐饮酒饯行。
③ 兰舟：传说鲁班刻木兰为舟，后因以作船的美称。
④ 无语凝噎：喉咙里像是塞住了，说不出话来。
⑤ 去去：意谓越走越远。
⑥ 暮霭沉沉：傍晚云雾很浓。
⑦ 清秋节：冷落凄凉的秋天。

杨柳岸、晓风残月。
此去经年①，
应是良辰好景虚设。
便纵有、千种风情②，
更与何人说。

---

① 经年：年复一年。
② 风情：情意。

雨霖铃

（长亭送别）

寒秋的蝉声悲凉凄清。
面对暮色中的长亭，
一场急雨刚刚消停。
京城郊外搭帐饮酒心绪烦乱，
正依依不舍时，船家催促着扬帆起程。
手拉手，泪眼望着泪眼，
万语千言都凝结在喉中。
牵挂这一去千里迢迢，烟波渺渺，
夜雾弥漫的楚天无边无垠。

自古以来多情人为离别而伤感。
更何况又赶上这萧条的秋风。
今夜酒醒时船泊何处，
杨柳岸边晨风千顷残月一痕。
这一别年复一年再难相聚，
空有那美好的日子，绚丽的风景。
即使有万种柔情千种蜜意，
又能向谁一吐芳心。

———————

注：白话诗名为译者所加。

Yu Lin Ling

Liu Yong

Mournfully chirr the cicadas,

As the shower of rain stops

And we face the roadside pavilion at dusk.

We drink without cheer in the tent outside the city gate;

It is the moment we are loath to part

But the magnolia-wood boat beckons me on.

Hands clasped together we see our tears,

So overcome, unable to utter a single word.

Ahead lies a journey a thousand *li* of misty waves

And the vast sky of Chu* hangs with heavy evening haze.

Since time immemorial, lovers have grieved at parting

Made more poignant in the fallow season of autumn.

What is this place where I have sobered from my drunken
   stupor?

"The riverside is strewn with willow trees,

The morning breeze wafts in with a waning moon."**

Our parting will last for years,

---

  * Referring to the region of the ancient State of Chu situated in the central and southeast part of the country.

  ** A scene the poet imagines might occur on his journey.

Fine hours and scenes of beauty have no appeal

Even though my heart is filled with tender feelings,

But, with whom can I share them?

凤栖梧

柳 永

此词写对远方爱人的思念，以及对爱情的坚贞。

凤栖梧

柳　永

独倚危楼风细细①。
望极春愁②，
黯黯生天际。
草色烟光残照里。
无言谁会凭阑意③。

拟把疏狂图一醉④。
对酒当歌，
强乐还无味⑤。
衣带渐宽终不悔⑥。
为伊消得人憔悴⑦。

① 危楼：高楼。
② "望极"句：意谓极目远望，春色撩起人的愁苦。
③ 凭阑：靠着栏杆。
④ 疏狂：狂荡不羁。
⑤ 强乐：勉强作乐。
⑥ 衣带渐宽：人一天天消瘦。
⑦ 消得：值得。

凤栖梧

（登楼望远）

独自靠着高楼的栏杆，微风和熙。
极目眺望，春色撩起的愁绪，
隐隐来自远远的天际。
轻烟笼着草色在夕阳下弥漫，
一言不发，哪个懂得我的心意。

打算一展狂态豪饮而醉。
面对美酒飘香、歌舞奇丽，
勉强作乐毫无情趣。
衣裳腰带渐渐宽松始终无悔。
为她而消瘦苍老也是值得的。

注：白话诗名为译者所加。

Feng Qi Wu

Liu Yong

Alone I lean against the parapet of a high tower in a gentle
   breeze,
Gazing into the distance where the grief of separation
Looms on the horizon.
Amidst the grass and hills shimmering in the setting sun,
No one can fathom the inquietude of my mind.

I tried to drown my sorrows in wine and song;
And forced myself to drink to oblivion but I am empty still
My clothes hang loose on my emaciated body
But regrets I have none, it is because of her.

望海潮

柳　永

　　作者用铺张手法,写出杭州的富丽非凡,是历代写杭州的名篇之一。

望海潮

柳 永

东南形胜①，
三吴都会②，
钱塘自古繁华③。
烟柳画桥，
风帘翠幕，
参差十万人家④。
云树绕堤沙⑤。
怒涛卷霜雪⑥，
天堑无涯⑦。

---

① 形胜：地理形势优越的地方。

② 《全宋词》校："案'三'原作'江'，据毛校《乐章集》改。"三吴：古
地区名称，据《水经注》为吴郡(今苏州)、吴兴(今湖州)、会稽
(今绍兴)。

③ 钱塘：今浙江省杭州市。

④ 参差(cēncī 音岑疵)：一般认为是形容房屋依山建造，高低不
齐。或以为"几乎、差不多"，亦通。(见蒋礼鸿《敦煌变文通
释》)

⑤ 云树：高树。又释为像云彩那样多的树。

⑥ 霜雪：形容浪涛中激起的浪花白如霜雪。

⑦ 天堑：天然的壕沟。这里指钱塘江江面宽阔，地势险要。

市列珠玑①，
户盈罗绮，
竞豪奢②。

重湖叠巘清嘉③。
有三秋桂子，
十里荷花。
羌管弄晴，
菱歌泛夜④，
嬉嬉钓叟莲娃。
千骑拥高牙⑤。
乘醉听箫鼓⑥，
吟赏烟霞⑦。
异日图将好景，
归去凤池夸⑧。

---

① 珠玑：泛指珍贵珠宝饰物。
② 罗绮：绫罗绸缎。或以为代女子，亦通。
③ 重湖：西湖中有白堤、苏堤，把湖面分成外湖、里湖，所以称重湖。叠巘(yǎn 音演)：重叠的山峰。清嘉：形容湖山清秀嘉丽。
④ "羌管"二句：上下句互文，谓日夜不停，歌曲盈沸。
⑤ 千骑：形容长官出行随众之多。牙：指牙旗。
⑥ 箫鼓：泛指音乐。
⑦ 烟霞：指水光山色。
⑧ "异日"二句：日后将这些美景描绘出来，回到朝廷时，好向凤凰池的同僚们夸耀。凤池：即凤凰池。魏晋时中书省掌管一切机要，因接近皇帝，故称凤凰池，这里代指朝廷内省。

望海潮

（杭　州）

在东南它的地理形势多么重要，
三吴的大都市啊，人货汇聚如潮，
杭州自古以来繁荣昌茂。
垂柳笼烟衬着美丽的桥，
满眼是挡风的帘子、绿色的帷幕，
起起伏伏的屋宇不知有多少。
密如云彩的树护卫沙堤。
雪白的惊涛卷得很高，
宽阔的钱塘江是天然的堑壕。
集市上陈列着珍珠玛瑙，
家室里尽是五彩的丝绸，
攀比着谁最阔绰奢豪。

西湖的内外湖边山峰重叠秀丽清峭。
到了秋天桂花香飘，
成片的荷花分外娇好。
竹笛吹弄着晴天丽日，
星光下，摘菱角的船载歌轻摇，
老人垂钓，姑娘采莲，扬起欢笑。

古诗苑汉英译丛

望海潮

无数人马簇拥太守的牙旗。
醉醺醺地聆听箫声鼓乐，
观赏美景啊吟唱诗稿。
日后将这好风光画了出来，
回去后，准会得到朝廷的夸耀。

宋词

第一五页

注：白话诗名为译者所加。

Wang Hai Chao

Liu Yong

A place of scenic beauty in the southeast
The metropolis in the region of the Three Wu's*,
Qiantang** has flourished since ancient times.
Clouded willow trees and bright painted bridges,
Windbreak window drapes and kingfisher-feathered curtains,
A hundred thousand houses clustered high and low.
Towering trees line the sandy bank,
The raging tide rolls upward like frost and snow,
The heavenly moat*** stretches to the horizon.
The market filled with tiers of pearls and gems;
Households overflowing with silks and satins,
Contend in wealth and luxury.

The clear twin lakes**** and green hills offer picturesque
  views;
The fragrance of sweet osmanthus lingers on the autumn air,

---

* Three prefectures of the ancient State of Wu.

** Former name of Hangzhou, Zhejiang Province

*** The Qiantang River.

**** The West Lake which is divided by hills into the inner lake and
the outer lake.

Lotus flowers bloom far and wide in summer.

The sound of flutes soars up to the sunny skies,

The singing of folk songs breaks the silence of night,

Happy are the old anglers and girls collecting water chest-
nuts.

With a flag surrounded by a mounted retinue a thousand
strong,

To enjoy music while in my cups,

To chant verses while admiring the mist and clouds at twi-
light.

When, one day, you win promotion with glory,

You will praise this place at Phoenix Pool* profusely.

---

* The imperial cabinet, or the court in general.

定风波

柳 永

　　此词非常直率地写出了男女间的情爱,致力铺叙,刻划入微。

定风波

柳 永

自春来、惨绿愁红①，
芳心是事可可②。
日上花梢，
莺穿柳带，
犹压香衾卧。
暖酥消，
腻云亸③。
终日厌厌倦梳裹④。
无那⑤。
恨薄情一去，
音信无个⑥。

---

① 惨绿愁红：意谓见叶绿花红而凄惨愁戚。

② 芳心：佳人之心。是事：事事。可可：含混模糊，此指心里烦闷，凡事马虎将就没情绪。

③ "暖酥消"二句：嫩白的肤色消退，鬓发松散下垂。暖酥：妇女擦脸的香脂。腻云：妇女的鬓发。亸(duǒ 音朵)："堕"字的俗体。

④ "终日"句：整天懒洋洋地头也不想梳。

⑤ 无那：无奈。

⑥ 无个：没有。个：助词。

定风波

早知恁么①，
悔当初、不把雕鞍锁。
向鸡窗②、只与蛮笺象管③，
拘束教吟课。
镇相随④，
莫抛躲⑤。
针线闲拈伴伊坐。
和我。
免使年少，
光阴虚过。

---

① 恁么：这样。
② 鸡窗：书房。晋人宋处宗在窗口笼着一只长鸣鸡，鸡竟会人言，
   与其谈论，处宗因以口才大进。(《艺文类聚》引《幽明录》)后即
   以鸡窗作书房代称。
③ 蛮笺：蜀笺，一说高丽纸，泛指纸。象管：象牙笔杆，泛指笔。
④ 镇：镇日，整日。
⑤ 抛躲：抛弃、回避。

定风波

（春　情）

自从春天来了，绿叶红花凄凉愁戚，
心情烦闷什么事儿也不在意。
朝霞飘在花的枝头，
黄莺穿过碧柳丝丝，
我还拥被而卧，痴痴迷迷。
脸上留着残余香脂，
头发散乱地下垂纷披。
神思恍惚懒得化妆梳洗。
无可奈何啊。
恨薄情郎一走，
音信也不传寄。

早知道是这样的结局，
后悔当时不把他的马鞍藏匿。
只让他在书房厮守纸笔，
以吟诗为功课，规规矩矩。
整天地夫唱妇随，
决不会把我抛弃。
他也会好玩地拿起针线坐在身边。

与我紧紧相依。
这样免得使相爱的年轻人，
让大好光阴白白地逝去。

注：白话诗名为译者所加。

Ding Feng Bo

Liu Yong

It is spring but the green leaves appear dismal and the red
   petals sad,
Despondent and weary, I wile away my time.
The sun has risen above the blossoms,
Orioles flit amidst the willow twigs,
Yet I still lie silent under a scented quilt.
My full and soft cheeks are haggard,
My glossy hair hangs loose and uncombed,
Too languid to make up my face and dress.
What for I say, since that heartless man has left me.
I'm angry there is no news from him.

Too late for regrets.
I should have locked the carved saddle.
Then, he would sit and face the window of the study,
With coloured paper and ivory-handled brush in hand,
Confined to reading and writing.
We could have always been together,
Never forsaking or shunning each other's company;
With my needlework I would sit by his side.
Only when he is with me,
Does my young life not feel wasted.

八声甘州

柳　永

　　此词力写漂泊异乡的惆怅，以景衬情。以及对心爱的人的思念。

八声甘州

柳 永

对潇潇暮雨洒江天，
一番洗清秋①。
渐霜风凄紧②，
关河冷落，
残照当楼。
是处红衰翠减，
苒苒物华休③。
惟有长江水，
无语东流。

不忍登高临远，
望故乡渺邈④，
归思难收。
叹年来踪迹，

---

① "对潇潇"二句：意谓傍晚，一阵急雨，冲洗出清秋景色。
② 紧：一作"惨"，句意为寒气逼人。
③ "是处"二句：处处花儿枯萎，绿叶凋零，渐渐地，大自然的美好
　　景物都消失了。
④ 渺邈：遥远。

何事苦淹留①。
想佳人、妆楼颙望②，
误几回、天际识归舟③。
争知我、倚栏干处④，
正恁凝愁。

① 何事：为什么。淹留：久留。
② 颙(yóng 音喁)望：抬头凝望。
③ 天际识归舟：谢朓《之宣城郡出新林浦向板桥》诗："天际识归
  舟，云中辨江树。"
④ 争：怎么。

八声甘州

（思乡曲）

傍晚江天之间雨声急骤，
一番冲洗，秋天凉透。
寒风渐渐凄紧，
山河变得冷漠萧疏，
夕阳如血正照着高楼。
处处花谢叶残，
美丽的景物慢慢消逝难留。
只有长江水啊，
默默地向东奔流。

最怕登高极目，
望故乡在天的尽头，
归家的心情如脱缰之马难以回收。
可叹这些年来的行踪，
为什么总在异乡苦苦漂游。
想美人在梳妆楼上抬头凝望，
多少次说把远来帆影当作爱人的归舟。
她怎会知道我靠着栏杆的地方，
正凝结着一片苦愁。

Ba Sheng Gan Zhou

Liu Yong

I face the pattering rain in the evening sky over the river.

It refreshes the cool autumn at one sweep.

Gradually the frosty wind grows colder and stronger,

The landscape is cheerless and desolate,

The sunset lights up the pavilion.

All the red flowers and green leaves have faded.

Gradually the regaling views of nature die out.

Only the waters of the Yangtse River

Silently flow to the east.

I cannot bear to climb high and look far,

For when I gaze towards my hometown, too distant to see,

It is hard to suppress my longing.

Bemoaning my wanderings in recent years,

Why am I stubborn and stay away so long?

I see my beloved staring into the distance vainly seeking

A homeward bound boat that carries me to her.

How can she know that I am

Leaning against the parapet engrossed in such sorrowful
   thoughts?

鹤冲天

柳 永

此词写落榜后的失意和愤懑。

鹤冲天

柳 永

黄金榜上①，
偶失龙头望②。
明代暂遗贤③，
如何向④。
未遂风云便⑤，
争不恣狂荡。
何须论得丧⑥。
才子词人，
自是白衣卿相⑦。

烟花巷陌，
依约丹青屏障⑧。

---

① 黄金榜：封建时代称殿试揭晓的榜。
② 龙头望：中状元的希望。
③ "明代"句：政治清明的时代，暂时遗漏的贤人。
④ 如何向：怎么办。
⑤ "未遂"句：没有满足风云之志。
⑥ 得丧：得失。
⑦ 自是：本来是。白衣卿相：自诩之词，虽没有释褐当官，却具有
　卿相之才器。
⑧ 依约：依稀，仿佛。

幸有意中人，
堪寻访。
且恁偎红翠，
风流事、平生畅。
青春都一饷①。
忍把浮名，
换了浅斟低唱。

---

① 都一饷：只不过片刻功夫。

鹤冲天

（落榜之后）

殿试揭晓的金榜上，
偶尔失去中状元的希望。
清明的时代也会把贤人遗忘，
怎生是好。
虽没有青云直上，
何不尽情地孤傲轻狂。
不必计较暂时的得失。
才华横溢的诗人，
本来就是穿着布衣的高官良相。

大街小巷的青楼女子，
仿佛是屏风上画里的模样。
幸而有红颜知己，
可以去寻找探访。
且和她们亲热地依偎，
风流的事儿令一生快畅。
青春不过是短暂的时光。
忍心把虚幻的名声，
换成小巧的酒杯低婉的吟唱。

He Chong Tian

Liu Yong

On the golden list of candidates,
I lost the chance to come first[*].
And am briefly a deserted sage during this enlightened time,
What should I turn to?
Failing to achieve my ambition,
Why not indulge in passions and run wild?
No need to worry about gains and losses.
As a gifted scholar and writer of lyrics,
I am like an untitled minister.

In the singsong houses and brothels,
I keep a rendezvous behind painted screens;
My old acquaintances are to my liking.
They are worthy of my visits.
Better to take comfort in the arms of the girls in red and
   green
And enjoy the distractions and hours of dalliance,
Thus compensating for my disappointment.
The prime of one's lift is too short.
Better to barter empty fame
For the pleasures of good wine and sweet song.

---

[*] Meaning that the poet has failed the imperial examination though he
wished to come out first.

忆帝京

柳 永

此词写一个女子在爱人远行后的寂寞、愁苦，以及不可改变的爱意。

忆帝京

柳　永

薄衾小枕天气①，
乍觉别离滋味。
展转数寒更②，
起了还重睡。
毕竟不成眠，
一夜长如岁。

也拟待、却回征辔③，
又争奈、已成行计。
万种思量，
多方开解，
只恁寂寞厌厌地④。
系我一生心，
负你千行泪。

---

① 薄衾：薄被。
② 展转：亦作"辗转"。
③ 拟待：打算要。
④ 厌厌：精神不振的样子。

忆帝京
（长夜难眠）

薄被小枕正是暮春天气，
别离的苦味突然浸入心底。
辗转不眠数着冷风中打更的梆鼓，
起来又睡，睡下又爬起。
到底还是睡不安稳，
一夜长得像一年的日子。

也曾打算要阻止他骑马远行，
又无奈他已定好行期。
我思来想去，
为他的出行作出种种解释，
只好精神萎顿地独守冷凄。
我的心一生都在牵挂啊，
辜负了你惜别的千行泪滴。

宋词

注：白话诗名为译者所加。

Yi Di Jing

Liu Yong

A thin quilt and a small pillow on a cold night;
Suddenly the sorrow of separation stirs my heart.
Tossing about in bed, I count the frosty night-watches,
Sitting up, then lying down again;
Vainly trying to sleep,
While the night drags on like an endless year.

Considering abandoning the journey and turning round the
 horse,
Yet I have already started on the road.
Brooding over this constantly,
I try to ease my mind.
Weighed down by sorrow,
All my life I'll think of you.
Hardly a recompense for all your tears!

蝶恋花

晏　殊

　　此词写离别亲人后的孤独，取景精到，渲染出一片愁悲气氛。

蝶恋花①

晏 殊

槛菊愁烟兰泣露②,
罗幕轻寒,
燕子双飞去。
明月不谙离恨苦③,
斜光到晓穿朱户。

昨夜西风凋碧树。
独上高楼,
望尽天涯路。
欲寄彩笺兼尺素④,
山长水阔知何处。

① 词牌别本作《鹊踏枝》。
② "槛菊"句:谓烟笼槛菊似菊愁,露沾兰花若兰泣。槛:栏杆。
③ 谙(ān 音安):熟知。
④ 《全宋词》校:"案'兼'字原空格,据吴讷本《珠玉词》补。"但《历代诗余》、《词综》、晏氏家藏本"兼"均作"无"。彩笺:此指诗笺。尺素:书信。古乐府《饮马长城窟行》:"呼烹鲤鱼,中有尺素书。"在此彩笺和尺素为同义语,泛指书信。

蝶恋花

（思念亲人）

栏杆边,烟笼菊花似含愁,露沾兰草似泪滴,
寒气透过丝绸帘幕,
正好有一双燕子飞掠而去。
明月不懂得离别的痛苦,
清光到天亮都斜照着红楼朱漆。

昨夜秋风,把树上的绿叶吹落一地。
我独自登上高楼,
极目向天边的小路望去。
多想寄去一封封书信,
山高水远却不知人在哪里。

注:白话诗名为译者所加。

Die Lian Hua

Yan Shu

The chrysanthemum is vexed by the mist;
The orchid weeps in the dew.
Behind the gauze curtain, the air is cool.
A pair of swallows flies away.
Knowing not the bitter taste of separation,
The slanting moonlight lingers till dawn at the vermilion
door.

Last night the west wind withered the green trees.
Alone I climbed the high pavilion,
Gazing at the distant road vanishing into the horizon.
I long to send you a letter but I have no coloured paper.
Oh where, past the endless mountains and rivers, are you?

踏莎行

欧阳修

　　此词写离家远行的人的愁怨,此及对家人的绵绵关爱。

踏莎行

欧阳修

候馆梅残①，
溪桥柳细。
草薰风暖摇征辔②。
离愁渐远渐无穷，
迢迢不断如春水③。

寸寸柔肠④，
盈盈粉泪。
楼高莫近危栏倚⑤。
平芜尽处是春山⑥，
行人更在春山外。

---

① 候馆：接待等候召见宾客的馆舍。《周礼·地官·遗人》："五十里
　　有市，市有候馆。"
② "草薰风暖"句：薰，花草散发香气。江淹《别赋》："闺中风暖，陌
　　上草薰。"征辔：行人的马缰。
③ 迢迢：遥远貌。如春水：李煜《虞美人》："问君能有几多愁，恰似
　　一江春水向东流。"
④ 寸寸柔肠：比喻思念之苦。韦庄《上行杯》："一曲离声肠寸断。"
⑤ 盈盈：泪水充溢貌。危栏：高楼上的栏杆。危，高。
⑥ 平芜：杂草繁茂的原野。

踏莎行
(远行的人)

候馆的梅花开残了，
溪水桥边，柳芽还很嫩很细。
马儿缓缓走在草香和暖风里。
离别的愁苦因越走越远而变得没有尽头，
浩浩荡荡如春江一泻千里。

思念的肝肠寸寸断折，
泪水在眼眶里流溢。
莫登上高楼去把栏杆凭依。
原野的边缘青山耸立，
可远行的人还在山外扬鞭奔驰。

注：白话诗名为译者所加。

Ta Suo Xing

Ouyang Xiu

Faded plum blossoms by the lonely posthouse,
Slender willow twigs by the bridge over the brook.
Through scented grass, in the warm breeze, rocked on
    horseback,
Far he wanders, his grief great at parting,
Like a long river in springtime, flowing endlessly.

She is broken-hearted,
With tears on her powdered cheeks.
Let her not lean over the balcony of the high tower.
Beyond the wilderness lie the spring hills,
And beyond them is the traveller.

临江仙

晏几道

此词写离别后对爱人的思念。

宋词

临江仙

晏几道

梦后楼台高锁，
酒醒帘幕低垂①。
去年春恨却来时。
落花人独立，
微雨燕双飞②。

记得小蘋初见③，
两重心字罗衣④。
琵琶弦上说相思⑤。
当时明月在，
曾照彩云归⑥。

---

① "梦后"二句：梦后、酒醒为互文。楼台高锁与帘幕低垂，写居处环境的冷落寥寂，隐喻往昔欢娱的消逝难见。
② "落花"二句：出自五代翁宏《春残》诗。
③ 小蘋：晏几道友人沈十二廉叔、陈十君龙家歌女。
④ 心字罗衣：指衣领绣有心字图形。两重心字，重叠的心字图形。
⑤ "琵琶"句：白居易《琵琶行》："低眉信手续续弹，说尽心中无限事。"本句由此化出。
⑥ 彩云：李白《宫中行乐词》："只愁歌舞散，化作彩云飞。"此句由李白诗化出，喻指小蘋。

临江仙
（爱情故事）

梦醒之后人去楼空，
醉意刚消，帘幕寂寂下垂。
去年春天离别的愁绪袭上心扉。
我独自站立看落花片片，
细雨中一双燕子比翼而飞。

记得和小蘋初次见面，
两心相许，像罗衣上心字花纹叠累。
她弹的琵琶曲里飘出爱恋的芳菲。
当时的月光似乎还在眼前，
曾照着她归去，如彩云一般娇美。

宋词

注:白话诗名为译者所加。

Lin Jiang Xian

Yan Jidao

Awaking from a dream in the locked pavilion,
I sober up to see the curtain hanging low.
Last spring's grief again assails me.
Amidst the falling flowers she stood alone;
While in the light drizzle, pairs of swallows played.

I recall my first encounter with Xiao Pin*;
She wore a light silk dress, embroidered with two hearts.
The music of her lute expressed her tender feelings.
Though the bright moon still shines,
The same moon which sent away the rosy cloud.

---

* This was the name of a singsong girl.

江城子

密州出猎

苏 轼

此词上片写打猎,有声有色。下片则表达作者抗击侵略者的壮志和决心。

江城子

密州出猎①

苏 轼

老夫聊发少年狂，
左牵黄，
右擎苍②，
锦帽貂裘③，
千骑卷平冈。
为报倾城随太守④，
亲射虎，
看孙郎⑤。

酒酣胸胆尚开张。

---

① 这首词写于熙宁八年(1075)。
② 左牵黄：《史记·李斯传》记李斯临刑时对儿子说："吾欲与若复牵黄犬，俱出上蔡东门逐狡兔，岂可得乎。"
③ 锦帽貂裘：太守出猎的穿戴。
④ 千骑(jì音计)：夸张跟随打猎队伍的盛大。倾城：孙楚《征西官属送于陟阳侯作》："倾城远追送。"倾城又为倾动一城之意，即"万人空巷"。
⑤ 孙郎：孙权。《三国志·吴志·吴主传》：建安"二十三年十月，权将如吴，亲乘马射虎于庱(líng音灵)亭，马为虎所伤，权投以双戟，虎即废"。

鬓微霜，
又何妨。
持节云中，
何日遣冯唐①。
会挽雕弓如满月②，
西北望，
射天狼③。

---

① 节：符节；汉代皇帝派遣使者出外，执符节以作凭证。云中：郡名。秦汉治所在云中。冯唐：西汉魏尚为云中郡守，爱惜士卒，守边成绩显著；但因上报战果数字有出入，获罪削职。冯唐向文帝刘恒进谏，洗雪魏尚的冤屈。"文帝说(同'悦')，是日令唐持节赦魏尚，复以为云中守"。(《史记·冯唐列传》)

② 会：将要。雕弓：饰以彩绘的弓，又称画弓。

③ 天狼：星名。《晋书·天文志》：天狼星在东井南，为野将，主侵掠。这里天狼指自西北入侵的敌人西夏。《楚辞·九歌·东君》："举长矢兮射天狼。"

江城子

（密州城外打猎）

我这老头子也要道发年轻人的癫狂，
左手牵着黄狗，
苍鹰站在右臂上，
戴着织锦的帽子穿着貂皮大衣，
拥挤的马队掠过平坦的山岗。
为酬答全城人随太守观看打猎，
我们亲手射杀老虎，
个个是孙权那样的英雄儿郎。

痛饮酒胸怀开阔胆气壮。
鬓角边的几缕白发，
从不放在心上。
手持符节出使云中郡，
不知皇帝哪天派来颁发赦令的冯唐。
我将把画弓拉得如同满月，
怒视西北，
射灭天狼星的光芒。

注：白话诗名为译者所加。

Jiang Cheng Zi

Hunting at Mizhou

Su Shi

Old limbs regain the fire of youth:
Left hand leashing a hound,
On the right wrist a falcon.
Silk-capped and sable-coated,
A thousand horsemen sweep across the plain;
The whole city, it's said, has turned out
To watch His Excellency
Shoot the tiger!

Heart gladdened by wine,
Who cares
For a few white hairs?
But when will the court send an envoy
With an imperial tally to pardon the exile?
That day I will bend my bow like a full moon
And aiming northwest
Shoot down the Wolf from the sky!

江城子

乙卯正月二十日夜记梦

苏 轼

此诗为作者追悼亡妻之作。

江城子

乙卯正月二十日夜记梦①

苏 轼

十年生死两茫茫②。
不思量,
自难忘③。
千里孤坟④,
无处话凄凉。
纵使相逢应不识,
尘满面,
鬓如霜。

夜来幽梦忽还乡。
小轩窗,
正梳妆。

---

① 此词作于熙宁八年(1075)正月二十日。
② 十年生死两茫茫:苏轼的妻子王弗死于治平二年(1065年),到写这首词时已有十年。
③ 不思量,自难忘:用不着故意去思念,自然忘不了。
④ 千里孤坟:王弗葬于眉州东北彭山县安镇乡可龙里,离密州遥远。

相顾无言①,
惟有泪千行。
料得年年肠断处,
明月夜,
短松冈②。

---

① 相顾:相看。
② "料得"三句:孟棨《本事诗·征异》:开元中,有幽州衙将妻生五子后去世,后妻李氏虐待五子,其"母忽于家中出","题诗赠将曰:'欲知肠断处,明月照孤坟。'"

江城子

（记公元 1075 年正月二十日晚的梦）

十年来生者和死者之间音讯渺茫。
不去想她吧，
却又总难淡忘。
千里之外只有她孤零零的坟墓，
到哪里去倾诉悲伤。
即使相逢她也应认不出我，
我满面灰尘，
白发如霜。

夜里在梦中我回到故乡。
她坐在透亮的窗子前，
正打扮梳妆。
彼此相看说不出一句话，
只有泪水在哗哗流淌。
猜想到每年伤心的地方，
是那明月之夜，
松林掩映她坟墓的小山岗。

注：白话诗名为译者所加。

Jiang Cheng Zi

Su Shi

Recording my dream on the night of the twentieth of the first month of the year Yimao.

Ten years parted, one living, one dead;
Not thinking
Yet never forgetting;
A thousand *li* from her lonely grave
I have nowhere to tell my grief;
Yet should we meet again she would hardly know
This ravaged face,
These temples tinged with gray.

At night in a dream I am suddenly home again:
By my small study window
She sits at her dressing-table;
We look at each other and find no words.
But the tears course down our cheeks.
Year after year heart-broken I fancy her
On moonlit nights
By the hill covered with young pines.

蝶恋花

春 景

苏 轼

　　此词写春景虽好,却容易凋残;喜爱墙里佳人,而佳人又不予理睬。借以写作者平日生活中的失意和寂寞。

蝶恋花

（春　景①）

苏　轼

花褪残红青杏小②。
燕子飞时，
绿水人家绕。
枝上柳绵吹又少③，
天涯何处无芳草④。

墙里秋千墙外道。
墙外行人，
墙里佳人笑。
笑渐不闻声渐悄，
多情却被无情恼⑤。

---

① 此词未编年。
② 褪(tuì音退)：颜色变浅或消失。此处为谢落之意。
③ 柳绵：柳絮。
④ 天涯何处无芳草：《离骚》"何所独无芳草兮，尔何怀乎故宇"。
⑤ 多情：指墙外行人。无情：指墙内快乐地荡秋千的妇女们。恼：
　　误解之意。

蝶恋花

（春天的风景）

红色的花瓣凋落，小小的青杏长出来了。
燕子飞过的地方，
碧绿的流水把人家环绕。
枝上柳絮几乎被风吹尽，
再远的天边也有芬香的青草。

墙里秋千晃荡，墙外是一条小道。
墙外的过路人停下脚步，
听墙里的美人在笑。
笑声渐渐听不见，她们悄悄而去，
多情人的心意却被无情人曲解了。

注：白话诗名为译者所加。

Die Lian Hua

Spring Scene

Su Shi

Last red of blossoms fades,
Green are the apricots and small;
Now swallows skim
While emerald waters wind about the house,
And though most catkins have been blown away
No place on earth but the sweet grass will grow!

Within the wall a swing, without the highway;
There, passersby,
And there sweet girlish laughter.
But all too soon it fades away, that laughter,
Heart-breaking for a man with too much heart!

水调歌头

苏 轼

　　作此词时,作者正处在政治上的失意时,因此抒发了对现实的不满,同时又表叙了对弟弟的怀念和对人生的达观。

水调歌头

丙辰中秋,欢饮达旦,大醉。作此篇,兼怀子由。①

苏 轼

明月几时有,
把酒问青天②。
不知天上宫阙③,
今夕是何年④。
我欲乘风归去⑤,
又恐琼楼玉宇⑥,
高处不胜寒。
起舞弄清影⑦,
何似在人间。

---

① 此词写于熙宁九年(1076)中秋。
② "明月"二句:用李白《把酒问月》"青天有月来几时,我今停杯一问之"意。
③ 宫阙:皇宫前两旁的高楼。
④ 今夕是何年:唐人韦瓘(假托牛僧孺之名)的小说《周秦纪行》有诗"香风引到大罗天,月地云阶拜洞仙。共道人间惆怅事,不知今夕是何年"。
⑤ 乘风归去:《列子·黄帝》有"列子乘风而归"的记载。
⑥ 琼楼玉宇:月中宫殿。琼,美玉。宇,大厦。
⑦ 起舞弄清影:用李白《月下独酌》成句。

转朱阁，

低绮户①，

照无眠。

不应有恨，

何事长向别时圆②。

人有悲欢离合，

月有阴晴圆缺，

此事古难全。

但愿人长久，

千里共婵娟③。

① 绮(qǐ音起)户：以绮为帘的门窗。绮，有花的丝绸。

② "何事"句：司马光《温公诗话》："李长吉'天若有情天亦老'，人
以为奇绝无对。(石)曼卿对'月如无恨月常圆'，人以为劲敌。"

③ 千里共婵(chán音缠)娟：唐许浑《怀江南同志》："唯应洞庭月，
万里共婵娟。"婵娟此处为月光。

水调歌头

（中秋之夜）

　　公元1076年中秋之夜,痛快地饮酒直至天亮,醉得很厉害,写下这首词,以抒怀寄意并怀念弟弟苏子由。

　　这明月是什么时候才出现的啊,
　　我端起酒杯询问青天。
　　也不知天上的宫殿里,
　　今晚属于他们的哪一个纪年。
　　我真想乘长风飞上天去,
　　又怕那美玉雕砌的楼厦,
　　高高在上,抵不住凛凛清寒。
　　还是让月下影子伴我起舞的身姿,
　　天上的世界哪比得人间。

　　月亮转过红色楼阁的飞檐,
　　又低低地把清光射入雕花的门窗,
　　照着失眠人睁开的双眼。
　　理应对月亮没有一丝怨恨,
　　可它为什么总在亲人离别后才圆。
　　人世间有悲伤、欢乐、离别、团聚,

月亮也有晦暗、明朗、圆满、缺残，
这件事自古以来难得周全。
只希望彼此平安幸福，
虽隔千里，却在同一片月光下留连。

注：白话诗名为译者所加。

Shui Diao Ge Tou

Su Shi

On the Mid-autumn Festival of the year Bingchen I drank happily till dawn and wrote this in my cups while thinking of Ziyou.

Bright moon, when was your birth?
Winecup in hand, I ask the deep blue sky;
Not knowing what year it is tonight
In those celestial palaces on high.
I long to fly back on the wind,
Yet dread those crystal towers, those courts of jade,
Freezing to death among those icy heights!
Instead I rise to dance with my pale shadow;
Better off, after all, in the world of men.

Rounding the red pavilion,
Stooping to look through gauze windows,
She shines on the sleepless.
The moon should know no sadness;
Why, then, is she always full when dear ones are parted?
For men the grief of parting, joy of reunion,
Just as the moon wanes and waxes, is bright or dim;
Always some flaw — and so it has been since of old,

My one wish for you, then, is long life
And a share in this loveliness far, far away!

浣溪沙

苏 轼

此词写出了山村的美景,及民风的淳厚。

浣溪沙①

苏　轼

　　徐门石潭谢雨,道上作五首②。潭在城东二十里,常与泗水增减,清浊相应。

照日深红暖见鱼,
连村绿暗晚藏乌。
黄童白叟聚睢盱③。

麋鹿逢人虽未惯,
猿猱闻鼓不须呼。
归家说与采桑姑。

---

① 此词作于元丰元年(1078)三月。

② 石潭:《苏轼诗集》卷十六《起伏龙行》叙中云:"徐州城东二十里,有石潭。"

③ 黄童白叟:韩愈《元和圣德诗》:"黄童白叟,踊跃吹呀。"睢盱(suīxū 音虽须):喜悦之貌。

浣溪沙
（夕阳下的小村）

　　徐州石潭因求雨成功酬谢雨神,我在路上作了五首《浣溪沙》。石潭在城东二十里的地方,它与泗水的涨落、清浊相同。

　　　　温暖的夕阳染红水波,鱼儿浮出,
　　　　绿树连着村子,乌鸦在荫中栖宿。
　　　　孩子和老人跳跃欢呼。

　　　　麇鹿见了人虽不习惯,
　　　　猴子听到鼓响跃路而至。
　　　　回家来把这些见闻告诉采桑姑。

注:白话诗名为译者所加。

Huan Xi Sha

Su Shi

Made on my way to offer thanks for rain at the Rocky Pool outside Suzhou. This pool lies twenty li *east of the city, rising or falling with the Su River and turning clear or muddy like the river.*

A warm red in the sunlight the pool where fish can be seen,
And green the shade of the village trees where crows hide
    themselves at dusk;
Here gather small boys and graybeards with twinkling eyes;

The deer are startled at the sight of men,
But monkeys come unbidden at the sound of drums.
This I tell the girls picking mulberries on my way home.

水龙吟

次韵章质夫《杨花词》

苏　轼

此词是咏柳絮的名篇。

水龙吟

次韵章质夫《杨花词》①

苏 轼

似花还似非花②，
也无人惜从教坠③。
抛家傍路，
思量却是，
无情有思。
萦损柔肠，
困酣娇眼，
欲开还闭。
梦随风万里，

---

① 此词为元丰三年庚申(1080)作。章质夫《水龙吟》是咏杨花的，词云："燕忙莺懒花残，正堤上、柳花飘坠。轻飞乱舞，点画青林，全无才思。闲趁游丝，静临深院，日长门闭。傍珠帘散漫，垂垂欲下，依前被、风扶起。　兰帐玉人睡觉，怪春衣、雪沾琼缀。绣床渐满，香球无数，才圆却碎。时见蜂儿，仰粘轻粉，鱼吞池水。望章台路杳，金鞍游荡，有盈盈泪。"苏轼的词用章质夫这首词的韵脚而作。章质夫：章楶(jié音杰)，名质示，宰相章惇之兄，浦城人，仕至资政殿学士。

② "似花"句：梁元帝《咏阳云楼檐柳》诗："杨花非花树。"白居易《花非花》词："花非花，雾非雾。"

③ 从：任。

寻郎去处，
又还被、莺呼起。

不恨此花飞尽，
恨西园、落红难缀②。
晓来雨过，
遗踪何在，
一池萍碎③。
春色三分，
二分尘土，
一分流水。
细看来，
不是杨花点点，
是离人泪。

---

① 莺呼起：化用唐人金昌绪《春怨》诗："打起黄莺儿，莫教枝上啼。
　啼时惊妾梦，不得到辽西。"

② 缀：收拾之意。

③ 萍碎：苏轼《再次韵曾仲锦荔支》自注云："飞絮落水中，经宿即
　为浮萍。"

水龙吟

(步章质夫《杨花词》原韵而作)

柳絮像花又不像花，
也没人怜爱，任它飘来坠去。
它离开技头，落到路边，
想来却是，
看似无情而有它的深意。
思恋回绕以至肝肠寸断，
过于疲倦使美丽的眼睛，
刚想睁开又马上合闭。
梦中乘风飞向遥远，
寻找郎君的所在之地，
谁知又被黄莺从梦中叫起。

不怨柳絮飘飞一尽，
却恨西园的落花不可收拾。
早晨下过一场急雨，
柳絮的遗迹在哪里，
化作一池浮萍，碎碎细细。
三分春色啊，
两分零落成泥，

一分随流水而逝。
仔细看来，
那不是一点点柳絮啊，
是离别的人洒下的泪滴。

注：白话诗名为译者所加。

Shui Long Yin

Willow Catkins

Su Shi

So like a flower and yet no flower,
Her fall goes unlamented;
Spurning her home for the roadside,
She has her fancies, fickle yet not unfeeling,
Like tender thoughts entangled,
Or drowsy, lovely eyes
That fain would open.
In dream she drifts with the wind ten thousand *li*
To seek out her beloved,
Till she is wakened
By the oriole's cry.

Grieve not when all the catkins fall,
But sigh for red petals left to lie in the yard;
A shower of morning rain
And they are gone,
Scattered like weeds in the pool;
Of spring's colors now
Two-thirds lie in the dust,
One-third in the flowing stream.
Yet when you look close these are not willow catkins,

But, drop upon drop,
The tears of parted lovers.

定风波

苏　轼

　　以路上遇雨为契机,写出作者不怕风雨,吟啸徐行,精神健朗的风度。

定风波①

苏 轼

公旧序云：三月七日，沙湖道中遇雨②。雨具先去③，同行皆狼狈；余独不觉。已而遂晴。故作此词。

> 莫听穿林打叶声，
> 何妨吟啸且徐行。
> 竹杖芒鞋轻胜马。
> 谁怕？
> 一蓑烟雨任平生。
>
> 料峭春风吹酒醒，
> 微冷。
> 山头斜照却相迎。
> 回首向来萧瑟处④，
> 归去，
> 也无风雨也无晴。

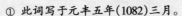

① 此词写于元丰五年(1082)三月。
② 沙湖：黄冈沙湖，县东三十里。苏轼尝欲买田处。一名螺丝店。
③ 雨具先去：指持雨具的人已走在前了。
④ "萧瑟"：形容风吹树木的声音；形容景色凄凉。

定风波

（沙湖路上）

我的旧序说,三月七日,沙湖路上遇雨。拿雨鞋、雨伞的人先去了,同行的人都很狼狈;我却不在乎。过一会儿天就晴了,所以写了这首词。

莫听那穿林打叶的风雨声,
不妨吟唱诗歌慢慢而行。
拄着竹杖穿着草鞋比骑马还轻松。
谁害怕呢?
披一件蓑衣足可安度风雨人生。

春风带着寒气把我的醉意吹醒,
身上稍微觉得有些冷。
山尖一抹夕阳却似迎来的笑晕。
回头看刚刚遇雨的地方,
从容归去吧,
既无所谓风雨也无所谓天晴。

注:白话诗名为译者所加。

Ding Feng Bo

Su Shi

On the seventh day of the third month we were caught in the rain on our way to Shahu. The umbrellas had gone ahead, my companions were quite downhearted, but I took no notice. It soon cleared, and I wrote this.

Forget that patter of rain on the forest leaves,
Why not chant a poem as we plod slowly on?
Pleasanter than a saddle this bamboo staff and straw sandals
Here's nothing to fear!
I could spend my whole life in the mist and rain.

The keen spring wind has sobered me,
Left me chilly,
But slanting sunlight beckons from high on the hill;
One last look at the bleak scene behind
And on I go,
Impervious to wind, rain or sunny weather.

念奴娇

赤壁怀古

苏 轼

此词写出作者对英雄事业的向往和不能施展抱负的苦闷。

念奴娇①

赤壁怀古②

苏 轼

大江东去，
浪淘尽、千古风流人物。
故垒西边③，
人道是④、三国周郎赤壁⑤。
乱石穿空⑥，
惊涛拍岸，
卷起千堆雪⑦。
江山如画，
一时多少豪杰。

---

① 此词写于元丰五年(1082)。

② 赤壁：东汉末年汉献帝建安十三年(208)，周瑜以劣势兵力击破曹操的大军于赤壁。这里所咏的赤壁是湖北省黄州市的赤壁矶，曾讹传为周瑜破曹军处，现在称为东坡赤壁。

③ 故垒(lěi 音磊)：古代军营外所筑的壁垒。

④ 人道是：人们传说是。《东坡志林》卷四《赤壁洞穴》："黄州守居之数百步为赤壁，或言即周瑜破曹公处，不知果是否？"

⑤ 三国周郎：周瑜(175－210)，字公瑾。被孙策命为建威中郎将，"瑜时年二十四，军中皆呼为周郎"。

⑥ 穿空：形容石壁峭立，如要刺穿长空。

⑦ 千堆雪：形容浪大。李煜《渔父》词："浪花有意千重雪。"

遥想公瑾当年，
小乔初嫁了①，
雄姿英发②。
羽扇纶巾③，
谈笑间、樯橹灰飞烟灭。
故国神游，
多情应笑我，
早生华发④。
人生如梦，
一尊还酹江月⑤。

---

① 小乔:《三国志·吴志·周瑜传》:孙策攻荆州时,"得桥公两女,皆国色也,策自纳大桥,瑜纳小桥"。"桥"是二桥的姓,或作"乔"。

② 英发:意气慷慨。苏轼《送欧阳推官赴华州监酒》:"知音如周郎,讨论亦英发。"

③ 羽扇纶(guān 音关)巾:羽扇,用长羽作的扇。纶巾,配有青丝带的头巾。二者为儒将之装束。

④ 樯橹:这里指曹操的战船。赤壁之战,周瑜焚毁了曹操的水军船舰。《全宋词》作"强虏"。虏:对敌人的贱称,指曹军。华发:花白头发。

⑤ 酹(lèi 音累):洒酒于地或水中以祭神。

念奴娇

（在赤壁怀念古人）

长江滔滔东流去，
大浪冲洗尽千百年来的杰出人物。
那旧营垒的西边，
有人说是赤壁，三国时周瑜破曹之处。
陡峭不平的石壁插入高空，
惊涛不停地向江岸冲扑，
浪花飞卷，如千堆白雪起伏。
美如图画的江山啊，
在那一个时代，多少英雄脱颖而出。

遥想当时的周公瑾，
刚把美女小乔娶进新居，
他是何等的英姿飒爽，沉雄雅儒。
轻摇羽扇，头戴青丝头巾，
谈笑之中敌军的战船化成灰尘烟雾。
我的心飞翔在这三国的战地，
应笑我感情还如此繁复，

宋

词

以致白发过早地从鬓边冒出。
人的一生如短暂的梦啊，
祭洒江月，我把酒杯高举。

注:白话诗名为译者所加。

Nian Nu Jiao

Memories of the Past at Red Cliff

Su Shi

East flows the mighty river,

Sweeping away the heroes of time past;

This ancient rampart on its western shore

Is Zhou Yu's Red Cliff of three Kingdoms' fame;

Here jagged boulders pound the clouds,

Huge waves tear banks apart,

And foam piles up a thousand drifts of snow;

A scene fair as a painting,

Countless the brave men here in time gone by!

I dream of Marshal Zhou Yu in his day

With his new bride, the Lord Qiao's younger daughter,

Dashing and debonair,

Silk-capped, with feather fan,

He laughed and jested

While the dread enemy fleet was burned to ashes!

In fancy through those scenes of old I range.

My heart overflowing, surely a figure of fun.

A man gray before his time.

Ah, this life is a dream,

Let me drink to the moon on the river!

卜算子

黄州定慧院寓居作

苏　轼

　　此词以孤鸿为喻，表示作者孤高自赏，不肯同流合污。

卜算子

黄州定慧院寓居作①

苏　轼

缺月挂疏桐，
漏断人初静②。
谁见幽人独往来③，
缥缈孤鸿影④。

惊起却回头，
有恨无人省⑤。
拣尽寒枝不肯栖，
寂寞沙洲冷。

---

① 此词于元丰五年(1082)十二月写于黄州定慧禅院。

② 漏断：漏壶里的水滴光了，指夜深。

③ 幽人：孤独幽隐之人。

④ 缥缈(piāomiǎo 音漂渺)：依稀恍惚，模糊不明。

⑤ 省(xǐng 音醒)：觉察，理解。

卜算子

（住黄州定慧院而作）

残月挂在稀疏的梧桐，
夜渐深，人们开始沉入梦境。
哪个看见幽隐的人独来独往，
像模糊难识的飞雁之影。

仿佛受惊猛地回头，
没人觉察他心中的怨恨。
选尽枝杈，没个温暖的地方栖息，
寂寞的沙洲多么阴冷。

宋词

———————

注：白话诗名为译者所加。

Bu Suan Zi

Su Shi

Written during my stay in Dinghui Temple，Huangzhou

From a sparse plane-tree hangs the waning moon,
Now are clepsydras still，men's voices hushed;
Who is there to see the recluse pacing up and down,
A solitary swan on the blurred horizon?

Startled into flight he turns back,
But there is none to understand his grief;
He wings past the frozen boughs and will not roost,
Lonely on the chill sandbank in the river.

浣溪沙

秦 观

此词写出一种优美春景中的闲适与闲愁。

浣溪沙

秦　观

漠漠轻寒上小楼[①],
晓阴无赖似穷秋,
淡烟流水画屏幽。

自在飞花轻似梦[②],
无边丝雨细如愁,
宝帘闲挂小银钩。

---

① 漠漠:云烟密布的样子,此处为广阔空旷之意。
② 自在:自由自在,无拘无束的样子。

浣溪沙
（登上小楼）

阔远的微寒中登上小楼，
无奈这凉润的早晨好似深秋，
画屏上淡烟流水分外清幽。

无拘无束的飞花似轻盈的美梦，
无边无际的雨丝如纤细的忧愁，
华丽的帘幕悠闲地挂上小巧的银钩。

注：白话诗名为译者所加。

Huan Xi Sha

Qin Guan

Ascending the small pavilion in the light chill mist,
Clouds at daybreak, like a weary autumn day;
A pale haze and dark winding stream painted on screens.

Falling petals, leisurely, carefree, as in a dream;
The endless rain, sad as my grief at parting;
While pearl curtains hang idle on silver hooks.

少年游

周邦彦

此词抚今追昔，痛惜有情人难成眷属。

少年游

周邦彦

朝云漠漠散轻丝①。
楼阁淡春姿②。
柳泣花啼，
九街泥重③，
门外燕飞迟。

而今丽日明金屋④，
春色在桃枝。
不似当时，
小桥冲雨⑤，
幽恨两人知。

---

① 散轻丝：落细雨。
② 春姿：杜甫《乾元中寓居同谷县作》七首之六："溪壑为我回春姿。"
③ 九街：九陌，此处指大街。
④ 丽日：杨师道诗(缺题)："朝光欲动千门曙，丽日初照百花明。"
⑤ 冲雨：冒雨。冲，或读作 chòng，暴雨。

少年游

（春天的记忆）

早晨密集的云飘散成细雨，
春天的楼阁显出雅淡的风姿。
柳条和花枝好像在哭泣，
大街上一片泥泞，
门外燕子飞来得很迟。

如今我坐在阳光照耀的华舍里，
安闲地欣赏春风染红了桃枝。
与当时多么不同啊，
我和她冒雨在小桥上并立，
怨恨的心绪只有两人共知。

注：白话诗名为译者所加。

Shao Nian You

Zhou Bangyan

Grey morning clouds, a light drizzle,
Mournful pavilions in pale spring,
Willows in tears, flowers weeping;
Thick mud strewing the city's nine streets,
While late swallows fly outside the gate.

Now the sun brightens the gilded chamber,
Spring is sporting among the peach branches.
Gone are the days of old,
When the small pavilion was buffeted by the storm,
And regret and grief were only known to us.

苏幕遮

周邦彦

　　此词写触景生情,对故乡思念不已,感叹自己异乡为客。

苏幕遮

周邦彦

燎沉香①，
消溽暑②。
鸟雀呼晴③，
侵晓窥檐语。
叶上初阳干宿雨④，
水面清圆，
一一风荷举。

故乡遥，
何日去。
家住吴门⑤，
久作长安旅⑥。

---

① 燎：焚烧。沉香：一名沉水香，香料。
② 消溽(rù音入)暑：消除潮湿闷热的暑气。
③ 呼晴：犹言唤晴。旧时有"鹊噪晴，鸠唤雨"之说。
④ 初阳：刚出的太阳。宿雨：昨夜的雨。
⑤ 吴门：苏州旧为吴郡治所，俗称吴门。作者为钱塘人，钱塘旧属
　　吴郡。《水经注·浙江水》谓吴兴郡、吴郡、会稽郡"世说三吴"或
　　以此称吴门。
⑥ 久作长安旅：长安为汉、唐故都，此处借指北宋都城汴京(今开
　　封)。

五月渔郎相忆否？
小楫轻舟，
梦入芙蓉浦^①。

---

① 楫：船桨。芙蓉浦：开满荷花的河港。

苏幕遮

（故乡的荷花）

烧起沉香，
让潮湿闷热的暑气消融。
鸟雀叫唤着天气转晴了，
清早把头伸在檐边说个不停。
初升的太阳舔干荷叶上隔夜的积雨，
水面上清润、硕圆的荷盖，
在风中玉立亭亭。

遥远的故乡啊，
何时才能向你走近。
我家在苏州，
却久久地在京城滞停。
打鱼人还记得那个五月吗?
用桨划动小船，
做梦一样驰入开满荷花的河港之中。

注: 白话诗名为译者所加。

Su Mu Zhe

Zhou Bangyan

Burning eaglewood incense,
To avert the sultry summer heat;
Birds hailing the fine day
Peep out, chirping under eaves at daybreak.
The morning sun dries the overnight rain,
Now fresh and round over the water,
As below swaying lotus leaves rise and fall on the breeze.

My hometown is far away,
When can I go back?
My home is in Wumen*,
But long I've stayed in the capital**.
The May anglers may miss me or not,
But, in a light boat with small oars,
In my dreams I sail back to their Lotus Flower Pond.

---

* Present-day Suzhou, Jiangsu Province.
** Present-day Kaifeng, Henan Province.

解语花

上 元

周邦彦

　　作者时当盛年,仕途失意,远离京城,作此词以抒发心中的苦闷和怨懑。

解语花

上 元

周邦彦

风销绛蜡，
露浥红莲①，
灯市光相射。
桂华流瓦②。
纤云散，
耿耿素娥欲下③。
衣裳淡雅，
看楚女、纤腰一把④。
箫鼓喧，
人影参差，
满路飘香麝⑤。

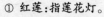

① 红莲：指莲花灯。
② 桂华：指月光。流瓦：流泻在屋瓦上。
③ 素娥：传说中嫦娥的别称。《文选》李周翰注："嫦娥窃药奔月，因以为名。月色白，故云素娥。"
④ 楚女纤腰：《后汉书·马廖传》："传曰：吴王好剑客，百姓多疮疤；楚王好细腰，宫中多饿死。"一把：一握。
⑤ 飘香麝：飘浮着麝香的香气。刘遵《繁华应令诗》："腕动飘香麝，衣轻任好风。"

因念都城放夜①，

望千门如昼②，

嬉笑游冶。

钿车罗帕③。

相逢处，

自有暗尘随马④。

年光是也，

唯只见、旧情衰谢。

清漏移，

飞盖归来⑤，

从舞休歌罢。

① 放夜：唐代起每年正月十四日至十六日，准许百姓整夜通行，不
加禁止，故称"放夜"。

② 千门如昼：千门万户张灯，宛如白昼。

③ 钿车：用金宝螺钿装饰的车子。罗帕：陈元龙注引《丽情集》云：
"贾生遇云容夫人杜兰若，临别，赠贾秋云罗帕，云：此玉蚕茧织
成。"

④ 暗尘随马：苏味道《上元》诗："暗尘随马去，明月逐人来。"

⑤ 飞盖：盖指车顶。飞盖即飞驰的车子。

解语花

（元宵节）

绛烛在风中燃短，
露水打湿了红莲灯，
街市上多少花灯交相辉映。
月光如水在瓦瓴上流泻。
飘散了,淡淡的云,
光彩熠熠的仙女仿佛就要降临。
衣裳多么淡雅,
看啊,楚地的姑娘苗条轻灵。
箫鼓喧响,
簇拥着高高低低的人影,
一路上麝香的气息飘动。

于是想到京城开放夜禁,
千家万户张灯,亮如白昼,
人们尽情游玩,欢笑声声。
饰金车上歌妓挥动手帕招摇过市。
所到之处,
自有人追逐车马后的扬尘。
今年的光景还是一样,

只是消减了往日的豪情。
夜残更深，
急急地驰车回家，
再热闹的歌舞也不问津。

Jie Yu Hua

Zhou Bangyan

The wind puts out the crimson candles,
Dew moistens the red lotus flowers*,
The lantern fair is still ablaze with light.
Moonlight flows over the roof tiles,
As the fluffy clouds disperse,
The moon goddess descends in dismal mood.
Girls glow pretty, with their slender waists,
And attire of quiet and elegant colours.
Flutes and drums sound boisterously amidst
Higgledy-piggledy shadows of human figures,
As faint fragrance wafts along the streets.

It reminds me of the capital's open nights**,
With thousands of households lit up like day,
And people laughing and frolicking everywhere.
In an inlaid carriage, holding a silken kerchief,

---

* Lanterns in the shape of lotus flower.

** The Lantern Festival falls on the fifteenth day of the first lunar month. In the Song Dynasty the celebration lasted three days, from the fourteenth to sixteenth, without any curfew imposed so as to let all indulge in a spree.

When a fair damsel went to her tryst,

A cloud of dim dust rose behind the horses.

The festival falls every year,

But I find my former interest fades away.

Time passes, the night is waning,

I hurry back home in my canopied carriage,

Leaving others to the song and dance of revelry.

六 丑

落 花

周邦彦

此词以写蔷薇落花而生身世之叹。

六 丑

落 花

周邦彦

正单衣试酒，
怅客里、光阴虚掷①。
愿春暂留，
春归如过翼②。
一去无迹。
为问花何在？
夜来风雨，
葬楚宫倾国③。
钗钿堕处遗香泽④，
乱点桃蹊，
轻翻柳陌⑤。
多情为谁追惜？
但蜂媒蝶使，

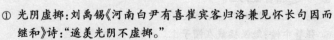

① 光阴虚掷：刘禹锡《河南白尹有喜崔宾客归洛兼见怀长句因而
继和》诗："遥羡光阴不虚掷。"
② 过翼：飞鸟。
③ 楚宫倾国：此处指蔷薇花。
④ 钗钿堕：徐寅《蔷薇》诗："晚风飘处似遗钿。"香泽：香气。
⑤ 乱点桃蹊：散乱的花瓣一点一点地落在桃树下的小路上。

时叩窗隔①。

东园岑寂②，
渐蒙笼暗碧③。
静绕珍丛底④，
成叹息。
长条故惹行客，
似牵衣待话，
别情无极⑤。
残英小、强簪巾帻⑥。
终不似一朵，
钗头颤袅，
向人欹侧⑦。
漂流处、莫趁潮汐，
恐断红尚有相思字⑧，
何由见得。

---

① 叩：敲。
② 岑寂：寂静。
③ 蒙笼暗碧：指绿叶。
④ 珍丛：指蔷薇花丛。
⑤ 别情无极：惜别之情无终无了。
⑥ 强簪巾帻：勉强插戴在帽子上。巾帻，头巾。
⑦ 欹侧：倾斜。有悦人、媚人之意。
⑧ 恐断红：《全宋词》校："案'红'原作'鸿'，从《阳春白雪》卷一。"
《云溪友议》载：卢渥舍人应举之岁，偶临御沟，见红叶有诗云：
"流水何太急，深宫竟日闲。殷勤谢红叶，好去到人间。"

六　丑
（落　花）

正当穿着单衣把新酒尝试，
却恨身在旅途，把好光阴白白抛掷。
真希望春天再多停留一下，
可归去的春天如飞鸟一样快疾。
这一去之后不见半点踪迹。
借问满树的蔷薇花哪儿去了？
昨夜一场无情的风雨，
把这南国的绝代佳人葬入沃泥。
玉钗彩钿到处散落只剩下淡淡香气，
乱纷纷点缀在桃树下的小溪，
或在柳荫道上翻飞徐徐。
哪一个多情人不替落花惋惜？
只有蜜蜂媒人蝴蝶使者，
时时把窗格子叩击。

静悄悄的东园里，
草木越发繁茂，显出幽暗的碧绿。
我默默地在蔷薇花下徘徊，
心中叹息不已。

长长的枝条有意招惹过客，
牵住衣裳，似有话语依依，
说不尽深挚的离情别绪。
拾起小小的残花，勉强在头巾上别起。
到底不像一朵盛开的花儿，
插在女郎的金钗上摇曳多姿，
它向人倾斜，为了讨人欢喜。
可别随潮水漂流而去，
只怕零落的花瓣上有相思的文字，
那么，我就无法读到这一份情意。

注：白话诗名为译者所加。

Liu Chou

On Fallen Blossoms

Zhou Bangyan

Clad lightly, I savour wine,

I regret, away from home, having squandered my time.

I wish that spring would stay awhile,

But it has passed by like a bird on the wing,

Gone, leaving no trace at all.

I wonder where the flowers are;

Ah, it was the wind and rain last night

That ruined the ancient beauties.

The petals, like hairpins snagged with a lingering aroma,

Are now strewn pell-mell on the peach-lined paths,

Or drift along the willow-lined sidelanes.

Who will regret the loss of their tender affections?

Only those bees and butterflies,

Who knock at the window lattice in passing.

The eastern garden becomes quiet,

Luxuriant and dark green grow the leaves.

Silently I move between clumps of rare plants,

I can not help but heave long sighs.

A long stem catches my gown, inviting,

As if in holding me it has something to say,

Inspiring in me sorrow for our parting.

I spot a tiny bud and pin it on my headdress,

But, after all, it is not a flower in bloom,

Quite unlike those that quiver on girls' hairpins,

And slant showily to regale an observant eye.

I hope the petals have not drifted out to sea,

For should a love poem inscribed on one of them,

Who will chance to see it?

花 犯

周邦彦

此词歌咏梅花,情景相生,舒卷多姿。

花　犯

周邦彦

粉墙低，
梅花照眼①，
依然旧风味。
露痕轻缀，
疑净洗铅华②，
无限佳丽③。
去年胜赏曾孤倚，
冰盘同宴喜④。
更可惜，
雪中高树，
香篝薰素被⑤。

今年对花最匆匆，
相逢似有恨，

---

① 梅花照眼：梁武帝《春歌》："阶上香入怀，庭中花照眼。"
② 净洗铅华：王安石《梅》诗："不御铅华知国色。"铅华指脂粉。
③ 佳丽：梁简文帝《美女篇》："佳丽尽关情。"
④ 冰盘同宴喜：冰盘即玉盘。宴喜即愉快安逸。
⑤ 香篝薰素被：谓梅花如薰笼，雪如白被。

依依愁悴①。
吟望久，
青苔上、旋看飞坠。
相将见、脆丸荐酒②，
人正在、空江烟浪里。
但梦想、一枝潇洒，
黄昏斜照水。

① 愁悴(cuì 音翠)：忧愁。
② 脆丸：指梅子。

花　犯
（梅　花）

粉白的矮墙边，
灿烂的梅花映入我的眼底，
她风韵依然一如往昔。
花瓣上点缀露水的痕迹，
仿佛洗净脸上的脂粉，
显出无比的美丽。
去年我独靠树干尽情欣赏，
折下梅枝供在玉盘，共享愉快安逸。
我还满怀爱怜，
凝望满树梅花覆盖着白雪，
像喷香的火上熏着素洁的被子。

今年重对梅花，我行色匆促，
她的怨恨充溢在相逢之际，
还有一份因依恋而生的忧愁孤寂。
我久久地注视，低低地沉吟，
随即看见梅瓣飞落，在青苔上颤栗。
不久将采下脆嫩的青梅酿酒，
可我那时正在一江烟波里，

小船上梦见一枝落落大方的梅花，
在黄昏斜斜地把影子映入涟漪。

注:白话诗名为译者所加。

Hua Fan

Zhou Bangyan

The whitewashed wall is low,

A tree of plum blossoms dazzles my eyes,

These charming boughs have not changed, 'tis just as was before.

Slightly studded with dewdrops,

Like a girl with her powder washed away,

This bole is so pure and fresh, so dainty.

Last year I heartily admired the blooms alone,

Over sumptuous food cradled in crystal dishes.

But what now fascinates me deeply

Is the tall flowery tree strewn with snow,

Like a white sheet drapped over a splayed fan.

This year I see the blooms come late and in haste.

They look gloomy and distressed,

As if withered away with the grief of parting.

Long I gaze at them and try to chant a few lines,

While the wind strews the petals on the moss.

Soon green plums'll ripen themselves for wine,

Yet I'll be far down an empty river amid hazy waves.

However, in my dream I'll see a twig tilt aloof,

Laying its reflection on the water at dusk.

过秦楼

周邦彦

此词写对爱人的切切思念与缠绵情意。

过秦楼

周邦彦

水浴清蟾①，
叶喧凉吹②，
巷陌马声初断。
闲依露井③，
笑扑流萤，
惹破画罗轻扇④。
人静夜久凭栏，
愁不归眠，
立残更箭⑤。
叹年华一瞬，
人今千里，
梦沉书远。

---

① 清蟾：指明月。
② 叶喧凉吹：李商隐《雨》诗："风叶共成喧"。
③ 露井：没有盖的井。贺知章《望人家桃李花》诗："桃李从来露井傍。"
④ "笑扑流萤"二句：杜牧《秋夕》："银烛秋光冷画屏，轻罗小扇扑流萤。"
⑤ 更箭：古时以铜壶盛水滴漏，壶中立箭以计时刻。

空见说、鬓怯琼梳，
容销金镜，
渐懒趁时匀染①。
梅风地溽，
虹雨苔滋②，
一架舞红都变③。
谁信无憀，
为伊才减江淹④，
情伤荀倩⑤。
但明河影下，
还看稀星数点⑥。

---

① 渐懒趁时匀染：日渐懒于作时新的梳妆打扮。
② 梅风：《岭南录》："梅雨后，风曰梅风。"苔滋：杜甫《雨四首》之四："楚雨石苔滋。"
③ 舞红：指落花。
④ 才减江淹：《南史》云："江淹少尝宿于冶亭，梦人授五色笔，因而有文章。后梦郭璞取其笔，自此为诗无美句，人称才尽。"
⑤ 情伤荀倩：《世说新语·惑溺》：荀奉倩妻曹氏有艳色。妻尝病热，奉倩尝以冷身熨之。妻亡，叹曰："佳人难再得！"人吊之，不哭而神伤。无几，奉倩亦卒。
⑥ 明河：银河。

过秦楼

（月夜情思）

月亮的影子在水中浸染，
凉风吹叶，喧闹声欢，
街巷来往的车马开始稀散。
那时我悠闲地靠着井栏，
看她嘻笑着扑打流萤，
不小心挂破了描花的绢扇。
现在我靠着栏杆夜深人静，
满怀愁绪不愿回去睡眠，
将要站到声声更残。
可叹青春年华如此短暂，
我与她相隔千里，
梦中难见，想寄书信又路途遥远。

只是听说，她拿起玉梳梳头时害怕青丝稀少，
照一照镜子又怕看见消瘦的容颜，
慢慢没有心思追赶时尚梳妆打扮。
梅熟时的风把地面吹湿，
初夏的雨滋润着苔藓，
转眼间花架上飞着落花片片。

有谁相信呢，
为了她，我像江淹一样才气消减，
像奉倩一样为失去妻子无限伤感。
我唯有仰望灿烂的银河，
数点疏朗的星星寄托思念。

注:白话诗名为译者所加。

Guo Qin Lou

Zhou Bangyan

The moon was clear and bright after a bath,

Leaves rustled in the cool wind,

Hoofbeats faded in the lanes and streets.

Leisurely I leant against the well railing,

Watching her swatting merrily at fireflies,

Till eventually her silk gauze fan became torn.

Alas, a year has elapsed in a flash!

In the quiet night, long I've leant on the rail,

So depressed that I can not sleep,

Lingering in the nostalgia of small hours.

We are severed so far apart now,

I no longer conjure her in my dreams nor do I receive her
word.

I seem to see, her hair shaggy and unkempt,

Her face haggard in a bronze mirror,

She's grown too slothful to apply rouge and powder;

The ground is damp in the wet monsoon,

And after rainfall moss grows everywhere,

A bleak scene with red petals blown adrift.

Who knows that I'm brought so low over her,

Like the scholar whose literary grace is exhausted,

Like the man deeply mourning his dead wife?
All I can do is to gaze at the stars sparse above
Twinkling faintly beside the dull Milky Way.

蝶恋花

早　行

周邦彦

此词上片写早晨送别，下片写分手和别后情景。

蝶恋花

早 行

周邦彦

月皎惊乌栖不定①。
更漏将残，
辘辘牵金井②。
唤起两眸清炯炯③。
泪花落枕红棉冷。

执手霜风吹鬓影。
去意徊徨④，
别语愁难听。
楼上阑干横斗柄⑤。
露寒人远鸡相应。

---

① "月皎"句：毕公权《早行》诗："惊乌栖不定,拂下一林霜。"
② 辘辘：一作辘轳。井架上的汲水滑车。《全宋词》校："案'辘辘'
   原作'辘轳',从吴讷本《片玉集》。"
③ 炯炯：光亮貌。潘岳《寡妇赋》："目炯炯而不寝。"
④ 徊徨：心中彷徨无主。
⑤ "楼上"句：楼头上空的北斗星横斜欲坠,谓夜色将尽。阑干：横
   斜貌。

蝶恋花

(早上她将出发远行)

月光皎洁惊扰树上乌鸦,使它们睡不安稳。
残夜将尽,
井台上传来辘轳汲水的声音。
她被惊醒,睁大明亮湿润的眼睛。
泪水滴落下来,红棉枕变得冰冷。

拉住我的手,寒风把她的鬓发吹动。
马上要出发了,她变得六神无主,
离别的话,使我愁苦得不忍再听。
楼上檐边,北斗星横斜。
她越走越远啊,露水寒,鸡声鸣。

注:白话诗名为译者所加。

Die Lian Hua

Setting Out at Early Dawn

Zhou Bangyan

The bright moon startles a crow in the tree,
The night yields to the morn,
And the windlass by the well begins to creak.
As she is waked, her eyes watery and bright,
The pillow made cold by the moisture of her tears.

Hand in hand, their hair ruffled by frosty wind,
The man lingers on, reluctant to leave,
Their farewell is filled with a profound sorrow.
The Big Dipper's handle leans over the tower,
Her man's gone amid cold dew and the crowing of cocks.

绕佛阁

周邦彦

　　此词是作者自明州去北京城上路途中所作，叹景物依旧，而故友难逢。

绕佛阁

周邦彦

暗尘四敛，

楼观迥出①，

高映孤馆。

清漏将短。

厌闻夜久，

签声动书幔②。

桂华又满③。

闲步露草④，

偏爱幽远。

花气清婉⑤。

望中迤逦，

城阴度河岸⑥。

---

① 暗尘：苏味道《正月十五日夜》诗："暗尘随马去，明月逐人来。"
迥（jiǒng 音窘）：远。

② 签声：签筹之声，即漏箭之声。书幔：同书帷。

③ 桂华：指月光。

④ 露草：罗隐《思故人》诗："鹊绕风枝急，萤藏露草深。"

⑤ 花气：杜甫《即事》诗："花气浑如百和香。"

⑥ 城阴度河岸：谓城墙的影子映过了河的对岸。

倦客最萧索，
醉倚斜桥穿柳线。
还似汴堤，
虹梁横水面^①。
看浪飐春灯，
舟下如箭。
此行重见。
叹故友难逢，
羁思空乱^②。
两眉愁，
向谁舒展。

① 汴堤：即隋堤。
② 羁思：旅思。

绕佛阁

（赴京路上）

四面车马的扬尘慢慢平息，
远处耸立的楼台灯火熠熠，
映照着旅馆多么孤寂。
夜沉更深。
我听厌了长夜里，
漏箭之声把书房叩击。
又是月圆的时候，
我漫步在露水打湿的草地，
最爱在偏远幽静的地方留连。
清纯甜媚的花香飘荡。
抬头望去，是什么曲折连绵，
那是城墙的投影伸到河岸这边。

我这疲倦的旅人清冷孤独，
带着醉意倚靠柳丝低拂的桥栏。
好像在汴京的隋堤，
虹桥横跨水面。
看灯光在浪尖闪射，
驰向下游的船快如飞箭。

此次回去将重见汴京景物，
可是老朋友再难相聚笑谈，
我漂泊的心思多么纷乱。
两道紧锁的愁眉，
向什么地方去快乐地舒展。

注：白话诗名为译者所加。

Rao Fo Ge

Zhou Bangyan

The dim dust in the air has settled,
The towers and the temple are ablaze with lights,
Illuminating the solitary guest house.
In the dead of night, the watch-beats ever quicken their pace,
And I tire of hearing the chanting of Buddhist sutras.
The moon is full and round again,
Leisurely I stroll over dewy grass,
Heading for a quiet and secluded corner.
The air is sweet as flowers,
Before my eyes, the shadow of the city wall
Zigzags along, stretching to the river beyond.

Loneliness is the burden of the tired transient.
Tipsily I lean on the bridge amid willow twigs,
As if I were on the Sui Dike across the water,
Watching the lamp flickering on the waves,
And the boat heading downstream as true as an arrow;
The farewell in the capital returns to my mind.
Alas! It's hard to find such old friends here,
These nostalgic sentiments upset me deeply.
But to whom can I pour out my pent-up sorrows?

如梦令

李清照

此词写作者的一种惜花心情。

如梦令

李清照

昨夜雨疏风骤①，
浓睡不消残酒②。
试问卷帘人③，
却道"海棠依旧"。
"知否？
知否？
应是绿肥红瘦④。"

---

① 雨疏风骤：雨小风狂。疏，稀；骤，急。
② "浓睡"句：虽然睡了一夜，仍有残余的酒意未消。浓睡：酣睡。
③ 卷帘人：指侍女。
④ 绿肥红瘦：叶茂花稀。

如梦令

（海 棠）

昨夜风紧雨小，
酣睡到晨，残存的酒意还未消掉。
试探着问收卷帘子的待女，
她却答道："海棠花依旧开得很好。"
"你知道吗？
你知道吗？
该是叶子肥大，花儿更加稀少。"

注：白话诗名为译者所加。

Ru Meng Ling

Li Qingzhao

Last night the rain was light, the wind fierce,
And deep sleep did not dispel the effects of wine.
When I ask the maid rolling up the curtains,
She answers, "The crab-apple blossoms look the same."
I cry, "Can't you see? Can't you see?
The green leaves are fresh but the red flowers are fading!"

渔家傲

记 梦

李清照

　　此词通过记梦,表达作者虽经磨难,但不愿听从命运的摆布的执着态度。

渔家傲

记　梦

李清照

天接云涛连晓雾①，
星河欲转千帆舞。
仿佛梦魂归帝所，
闻天语，
殷勤问我归何处。

我报路长嗟日暮，
学诗谩有惊人句②。
九万里风鹏正举③，
风休住，
蓬舟吹取三山去④。

---

① 云涛：云如波涛起伏。
② 谩有：徒然有。惊人句：使人称奇的诗句。杜甫《江上值水如海势聊短述》诗："为人性僻耽佳句，语不惊人死不休。"
③ "九万里"句：《庄子·逍遥游》里说，鹏之徙于南冥也，水击三千里，抟扶摇而上者九万里。这里借以自喻，表示自己要像大鹏那样乘风高飞远举。举，这里指鸟飞翔的意思。
④ 蓬舟：像蓬草一样轻快的小舟。蓬是一种多年生草本植物，一干多枝，枯后根断，遇风飞旋，故名飞蓬。三山：《史记·封禅书》说渤海中有三座神山，即蓬莱、方丈、瀛洲。

渔家傲
（记一个梦）

接天的云浪连着破晓的雾气，
曙光中天河流转，千帆意发飞驰。
我的灵魂仿佛来到天帝的宫殿，
听见天帝和蔼的话语，
关切地问我要到什么地方去呢。

我叹息着回答：前途茫茫，天色又晚，
学诗徒然写出几个惊人的句子。
但我要像大鹏鸟一样高飞展翅，
风啊不要停止，
吹送我的轻舟去领略神山的绚丽。

宋词

注：白话诗名为译者所加。

Yu Jia Ao

On Her Dream

Li Qingzhao

In the sky merged with the floating clouds and morning mist,
The Silver River* is about to fade, a thousand sails dancing;
It seems in a dream that I've returned to the Heavenly Palace,
And heard the Jade Emperor speaking,
Eagerly asking where I am bound.

I reply that life's road is long and I'm ageing,
What I've achieved is a few unusual poems.
Now the mighty roc of nine thousand *li* has taken wing.
May the wind keep blowing
My little boat to the land of the immortals.

---

* The Silver River is the Milky Way.

武陵春

李清照

　　此词是作者避乱金华时所作，写出她异乡为客的愁思。

武陵春

李清照

风住尘香花已尽①，
日晚倦梳头。
物是人非事事休，
欲语泪先流。

闻说双溪春尚好②，
也拟泛轻舟。
只恐双溪舴艋舟③，
载不动、许多愁。

---

① 尘香：尘土里散发出落花的香气。

② 双溪：水名，在今浙江省金华县东南，是风景胜地。《浙江通志》
卷十七引《名胜志》："双溪，在城南，一曰东港，一曰南港。东港
源出东阳县大盆山，经义乌西行入县境……与南港会。南港源
出缙云、黄碧山，经永康、义乌入县境……与东港会于城下，故
名。"

③ 舴艋(zé měng 音则猛)舟：小船。张志和《渔父》词："钓台渔父
褐为裘，两两三三舴艋舟。"

武陵春
（客居异乡）

花谢了，风静了，尘土散发出落花的香气，
天色已晚，懒得把秀发梳理。
景物依旧人如隔世万事且罢，
想说什么却首先泪水流溢。

听说双溪春光明媚，
打算划着小船去观赏游历。
只怕那双溪上的小船，
这样多的忧愁它承载不起。

注：白话诗名为译者所加。

Wu Ling Chun

Li Qingzhao

The wind's stopped, the earth fragrant, but petals have
   fallen,
Rising late, I'm too weary to dress my hair.
Though these remain, everything's meaningless since I lost
   my loved ones.
Before I can speak, tears flow down my cheeks.

I've heard spring is still beautiful at Double Brook,
I wish to go boating in a light canoe, too.
But I fear the little boat at Double Brook
Could not support all my sorrows.

声声慢

李清照

　　此词写作者在秋天一个黄昏里的生活感受，一行行都是孤独凄凉的况味。

声声慢

李清照

寻寻觅觅①，
冷冷清清②，
凄凄惨惨戚戚③。
乍暖还寒时候④，
最难将息⑤。
三杯两盏淡酒，
怎敌他、晚来风急⑥！
雁过也，
正伤心，
却是旧时相识⑦。

满地黄花堆积⑧，

---

① 寻寻觅觅：若有所失，彷徨不安的样子。
② 冷冷清清：指环境的空寂无人。
③ 戚戚：忧愁悲伤。
④ 乍暖还寒时候：指深秋季节天气变化无常，忽而暖和，忽又转冷。
⑤ 将息：将养，调养休息。
⑥ 敌：挡，对付。
⑦ "雁过也"三句：是说正伤心时，有旧曾相识的雁行飞过。
⑧ 黄花：菊花。

憔悴损①,
如今有谁堪摘②?
守着窗儿,
独自怎生得黑③?
梧桐更兼细雨,
到黄昏、点点滴滴。
这次第④,
怎一个愁字了得⑤!

---

① 损:凋零、零落。
② 谁:何,什么。堪:可,能。
③ 怎生:怎样。生,语助词,无义。
④ 次第:情况、光景。
⑤ 了得:了却,总括,包含。

声声慢

（深秋黄昏）

我像丢失了什么啊在不停地寻找，
孤冷清寂，
凄冷、悲怆、懊恼。
这时候一下子天暖又忽然回寒，
最难将身体调养得平和娇好。
几杯淡薄的酒，
怎抵挡得住暮色中的风紧如潮！
嘎嘎的雁阵飞过，
我正伤感，
分明是老相识，却渐飞渐杳。

满地菊花重重叠叠，
都枯萎了，凋谢了，
现在还有什么可以采摘呢？
我独坐窗下，
孤零零一个人日子怎熬？

宋

词

梧桐叶飘零，又添上雨的啜泣，

黄昏中点点滴滴在心中萦绕，

这情景，

一个愁字怎能概括叙表！

———————

注：白话诗名为译者所加。

Sheng Sheng Man

Li Qingzhao

Seeking, seeking,

Chilly and quiet,

Desolate, painful and miserable.

Even when it's warmer there is still a chill,

It is most difficult to keep well.

Three or two cups of light wine,

How can they ward off the strong morning wind?

Wild geese fly past, while I'm broken-hearted;

But I recognize they are my old friends.

Fallen chrysanthemums piled up on the ground,

So withered,

Who would pluck them?

Leaning on the window,

How can I pass the time till night alone?

The drizzle falls on the *wutong* trees,

Rain-drops drip down at dusk.

At a time like this,

What immense sorrow I must bear!

永遇乐

李清照

　　此词写乱离前后作者的不同生活处境和情绪。丈夫亡故，独在异乡，悲愁之意见于字里行间。

永遇乐

李清照

落日熔金①，
暮云合璧②，
人在何处③？
染柳烟浓④，
吹梅笛怨⑤，
春意知几许⑥？
元宵佳节，
融合天气⑦，

---

① 落日熔金：落日的光辉就像熔开的金块一样，红橙橙的。杜牧《金陵》诗："日落水浮金。"廖世美[好事近]词："落日水熔金。"
② 暮云合璧：暮云连成一片，就像璧玉合成一块一样。璧，圆形中间有孔的玉，半圆形的叫半璧，两个半璧合成一个圆形叫合璧。
③ 人在何处：人，这里是作者自指。一说，指其亡夫赵明诚。
④ 染柳烟浓：指柳树笼罩在浓浓的雾霭里。
⑤ 吹梅笛怨：笛子吹出《梅花落》曲幽怨的声音。《乐府杂录》："笛者羌乐也，古有《梅花落》曲。"李白《与史郎中钦，听黄鹤楼上吹笛》诗："一为迁客去长沙，西望长安不见家。黄鹤楼中吹玉笛，江城五月落梅花。"
⑥ 几许：多少。
⑦ 融和：暖和。

永遇乐

次第岂无风雨①？
来相召，
香车宝马②，
谢他酒朋诗侣③。

中州盛日④，
闺门多暇，
记得偏重三五⑤。
铺翠冠儿⑥，
捻金雪柳⑦，

---

① 次第：张相《诗词曲语辞汇释》"次第"（二）释为"进展之辞，犹云接着也；转眼也。"条下引此词"次第岂无风雨"句说，"言转眼恐有风雨也。"

② 香车宝马：指装饰华美的车马。

③ "谢他"句：指谢绝"酒朋诗侣"的邀请。

④ 中州：今河南省地，古时称中州或豫州。这里指北宋都城汴京（今河南省开封市）。盛日：指汴京沦陷以前的繁荣兴盛时期。

⑤ 三五：旧历每月十五。《古诗·孟冬寒气至》："三五明月圆，四五蟾兔缺。"这里特指正月十五，即元宵节。在宋代，元宵节是最盛大、最热闹的节日。因元宵节有观灯的习俗，故又称灯节。

⑥ 铺翠冠儿：镶着翡翠的帽子。

⑦ 捻金雪柳：用金线搓丝扎制成的雪柳。雪柳，据《大宋宣和遗事》载，京师民预赏灯节，"尽头上戴着玉梅、雪柳、闹蛾儿，直到鳌山下看灯。"又周密《武林纪事》载，"元夕节物：妇女皆戴珠翠、闹蛾、玉梅、雪柳"。由此可知，雪柳当是宋代元宵节妇女头上戴的一种装饰物，唯形制不详。

宋

词

簇带争济楚①。
如今憔悴，
风鬟雾鬓②，
怕见夜间出去③。
不如向帘儿底下，
听人笑语。

---

① 簇(cù促)带：宋时俗语，插戴的意思。《武林纪事》："茉莉花为
最胜，初出之时，其价甚穹，妇人簇戴，多至七插。"带，通"戴"。
济楚：整齐；端丽。

② 风鬟雾鬓：头发散乱，两鬓斑白。李朝威《柳毅传书》传奇有"风
鬟雨鬓"一语，形容洞庭龙女"牧羊于野"时发髻散乱不整。这
里易"雨"为"雾"，意谓不但发髻散乱，而且双鬓已白，指自己已
经衰老了。

③ 怕见：张相《诗词曲语辞汇释》"见"(四)，条下引此句和《西厢
记》"怕见动弹"句说，"凡云怕见，犹云怕得或懒得也。"

永遇乐

（元宵佳节）

夕阳亮如熔化的金液，
傍晚彩云四合美如玉璧，
亲人呵你在哪里？
烟霭缭绕着柳丛，
笛子吹奏的《梅花落》哀怨难抑，
春天的景象又添了多少呢？
元宵节多么美好，
正碰上暖和的天气，
这光景难道没有突来的风雨？
喝酒做诗的朋友前来相邀，
派遣来华丽的车马，
我却谢绝了他们的美意。

汴京繁盛之时，
妇女们在家舒闲安逸，
记得最看重元宵节日。
戴着镶了翡翠的帽子，
金线捻成的雪柳在帽边摇曳，
满头插戴比试着谁最美丽。

如今我脸色黄瘦，精神委靡，
头发零乱，两鬓泛白，
懒得趁夜去游逛灯市。
不如独自躲在帘子后面，
听游人的笑语一把一把扬起。

_____

注：白话诗名为译者所加。

Yong Yu Le

Li Qingzhao

The setting sun like melted gold,

Evening clouds like jade,

But where has my love gone?

Dense mist hangs over the newly-sprouted willow,

The melancholy tune of a flute lingers amidst plum blossoms.

But who knows this is but a glimpse of spring?

At the Lantern Festival,

The weather is fine,

But who knows if there will not be a sudden storm?

A fragrant carriage with rare stallions has been sent to fetch
  me,

Yet I decline the invitation of my friends for wine and poetry.

In our country's prosperous days, in the capital,

I had plenty of leisure time as a girl;

I still remember my liking for the Lantern Festival.

My head adorned with jade,

Wearing ornaments of gold,

My new clothes were gorgeous.

But now I'm pale and sallow,

My hair ruffled by the wind, tinged grey by the mist,

I fear to go out at night.

Better to hide behind the bamboo curtain
Listening to the laughter of others.

鹧鸪天

东阳路中

辛弃疾

此词写作者奔赴东阳,春景灿烂,心情愉快。

鹧鸪天

东阳路中

辛弃疾

扑面征尘去路遥，
香篝渐觉水沉销①。
山无重数周遭碧，
花不知名分外娇。

人历历②，
马萧萧。
旌旗又过小红桥。
愁边剩有相思句③，
摇断吟鞭碧玉梢。

---

① 香篝(gōu 音沟)：一种燃香料的笼子。水沉：即沉香，一种名贵
香料。
② 历历：分明貌。
③ 愁边：是思索的意思。指词人搜肠刮肚构思着诗句。

鹧鸪天
（去东阳的路上）

马蹄扬尘扑面,去东阳路途遥遥,
薰笼里的沉香越燃越少。
重重叠叠的山峰绿在周围,
不知名的花儿格外娇好。

向前行进的人历历在目,
奔驰的骏马唊唊嘶叫。
高举的战旗飘过了小红桥。
绞尽枯肠推敲思念爱人的诗句,
吟哦间摇断碧玉镶嵌的鞭梢。

古诗苑汉英译丛

宋词

注:白话诗名为译者所加。

Zhe Gu Tian

On the Way to Dongyang

Xin Qiji

Dust wafts in my face, the road recedes behind
And the ambergris dwindles in my scented pouch;
Turquoise-green the countless hills on every side,
Rare the loveliness of these flowers unknown to me.

A sprinkling of riders, a whinnying of horses,
And now their banner has crossed the small red bridge.
To dispel my listlessness I make a verse
And flourish my whip with its handle of green jade.

水龙吟

为韩南涧尚书寿甲辰岁

辛弃疾

　　此词写出了作者对朝廷昏庸,不用贤才的一腔怨恨。

水龙吟

为韩南涧尚书寿甲辰岁①

辛弃疾

渡江天马南来②,
几人真是经纶手?
长安父老,
新亭风景,
可怜依旧③。
夷甫诸人,
神州沉陆④,

---

① 词作于淳熙十一年(1184),时稼轩罢居带湖。甲辰岁:即淳熙
十一年。韩南涧:韩元吉号南涧,曾任吏部尚书,主抗金。晚年
退居信州,常与稼轩交游唱和。

② "渡江"句:晋室南渡时,童谣云"五马浮渡江,一马化为龙"。
(《晋书·元帝纪》)此借指宋高宗南渡。

③ "新亭"两句:《世说新语·言语篇》载,东晋初年,士大夫常聚会
新亭。周颛说:"风景不殊,正自有山河之异!"众皆相对流泪。
新亭:在建康(今南京),三国时吴国所建。

④ 夷甫:西晋王衍字夷甫,官居宰相而崇尚清谈,导致西晋覆灭。
兵败临死云:"向若不祖尚浮虚,戮力以匡天下,犹可不至今
日。"(《晋书·王衍传》)沉陆:即陆沉,指国土沦丧。桓温北伐曾
云:"神州陆沉,百年丘墟,王夷甫诸人不得不任其责!"(见《晋
书·桓温传》)

几曾回首①。
算平戎万里，
功名本是，
真儒事、君知否。

况有文章山斗②，
对桐阴，
满庭清昼③。
当年堕地④，
而今试看，
风云奔走。
绿野风烟⑤，
平泉草木⑥，
东山歌酒⑦。
待他年，
整顿乾坤事了，
为先生寿。

水龙吟

---

① 几曾回首：意思是何尝回过头去看一看那沦陷的国土。
② 文章山斗：颂友人文名卓著。《新唐书·韩愈传》："学者仰之如泰山、北斗。"
③ 桐阴：韩家在汴京府门前广种桐树，世称"桐木世家"。韩元吉有《桐阴旧话》，记其家世旧事。
④ 堕地：指婴儿落地，谓出生。
⑤ 绿野风烟：唐相裴度隐退后，于洛阳建绿野别墅，号绿野堂，与友人诗酒相娱。（《唐书·裴度传》）
⑥ 平泉草木：唐相李德裕于洛阳城外筑平泉庄，广搜奇花异草，著《平泉草木志》。（见《剧谈录》）
⑦ 东山歌酒：东晋名相谢安曾隐居东山（今浙江上虞县西南）。

水龙吟

（公元 1184 年为韩元吉尚书寿诞而作）

传闻玉马载着宋高宗掠江南渡，
朝廷里有几个人是治国能手？
中原父老盼望北伐复仇，
士大夫在新亭相聚而泣，
感叹半壁河山依旧沉浮。
像王衍那样一群空谈家，
对大片沦陷的国土，
何尝投下一瞥，深情回首。
筹划歼敌于万里之外，
这功业永载千秋，
可知是读书人的事业，我的老友。

何况你的文章可比韩愈，如泰山北斗，
你汴京的桐木世家，
光照门庭，如同白昼。
当年你就诞生在这里哟，
如今我望着你，
际会风云，一显身手。
可惜你被闲置，像绿野别墅吟风赏月的裴度，

像李德裕在平泉山庄把奇花异草搜求，
像谢安隐居东山听歌品酒。
等待来年啊，
一统河山，凯歌高奏，
再为先生好好地祝寿。

注：白话诗名为译者所加。

Shui Long Yin

Written on the Birthday of Han Yuanji

Xin Qiji

Since the emperor crossed the Yangtze and rode south

There have been few true men of worth.

While the elders waited in Chang'an

Those patriots enjoyed the scenery of Xinting,

Lamenting that year after year it remained unchanged.

Now worthless ministers

Have ruined our sacred land,

Yet seldom do their eyes turn towards the north;

The conquest of the Tartar hordes ten thousand *li* away,

As you, sir, know,

Is a task left to us scholars.

You are far above us in learning

As Mount Tai or the Pole-star,

And plane trees shade

Your quiet, secluded court.

We can see your swift advance

Since you came to this earth,

Swift as clouds swept by the wind.

Yours now are the wind and mist of Luye,

The trees and herbs of Pingquan,

The wine and songs of Dongshan.
In time to come
When order is restored,
I shall drink to your birthday again.

青玉案

元 夕

辛弃疾

　　此词写元宵夜的热闹,只是为衬托那个站在"灯火阑珊处"的美人的清高拔俗,是作者的自喻。

青玉案

元 夕①

辛弃疾

东风夜放花千树，
更吹落、星如雨②。
宝马雕车香满路。
凤箫声动，
玉壶光转③，
一夜鱼龙舞④。

蛾儿雪柳黄金缕⑤，
笑语盈盈暗香去。

---

① 此词作期不详。

② "东风"二句：写焰火灿烂。《武林旧事》写临安元夕云："宫漏既深，始宣放焰火百余架，于是乐声四起，烛影纵横，而驾始还矣。大率效宣和盛际，愈加精妙。"

③ 玉壶：喻月，言月冰清玉洁。

④ 鱼龙：鱼龙舞原是汉代"百戏"之一（参见《汉书·西域传赞》）。此指鱼龙形状之灯。舞：作动词。

⑤ 蛾儿、雪柳：宋代妇女元宵出游时所戴的头饰。《武林旧事》记临安元宵云："妇女皆戴珠翠、闹蛾、玉梅、雪柳，……"李清照《永遇乐》词："记得偏重三五，铺翠冠儿，捻金雪柳，簇带争济楚。"捻金雪柳即雪柳黄金缕，即以金为饰之雪柳。

众里寻他千百度。
蓦然回首，
那人却在、灯火阑珊处①。

---

① 灯火阑珊：灯火零落稀少。

青玉案

（元宵节之夜）

像东风催放千树鲜花，啊，夜色下的一城花灯，
满天焰火，又像是东风吹落如雨的星星。
华丽的车马扬起一路香风。
凤尾箫吹奏起来了，
月亮慢慢地向西旋转移动，
鱼灯和龙灯一直翻舞到夜深。

妇女们插戴着美丽的头饰，
边走边谈笑，留下幽香阵阵。
在人海里把她千百遍寻找。
猛一回头，
她独立在灯火稀落的地方，从容娴静。

宋 词

注：白话诗名为译者所加。

Qing Yu An

The Lantern Festival

Xin Qiji

In the east wind tonight a thousand trees burst into bloom
And stars are blown down like rain;
The whole perfumed road is thronged
With fine carriages and horses bright with gems;
Phoenix flutes make music,
The moon light flashes,
Fish and dragon lanterns whirl the whole night long.

Golden willow and butterfly trinkets in her hair,
Laughing and chatting she leaves a faint fragrance behind.
A thousand times I search for her in the crowd
And, suddenly turning my head,
Discover her where the lantern lights are dim.

浣溪沙

黄沙岭

辛弃疾

此词写的黄沙岭的春景,形象生动,如画图供眼。

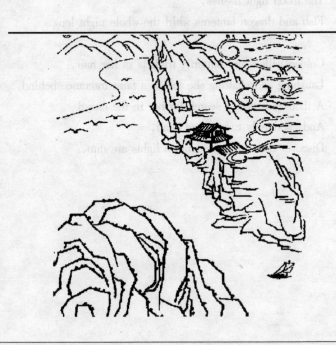

浣溪沙

黄沙岭①

辛弃疾

寸步人间百尺楼，
孤城春水一沙鸥，
天风吹树几时休。

突兀趁人山石狠②，
朦胧避路野花羞，
人家平水庙东头③。

---

① 闲居带湖之作。黄沙岭：在上饶县西四十里处。是处有稼轩之书堂。

② "突兀"句：杜甫《青阳峡》诗："突兀犹趁人，及兹叹冥漠。"趁：追逐。

③ 人家平水：屋脊与水面相平。

浣溪沙

（黄沙岭）

小小的地方耸起百尺高楼，
孤城边春水盈盈浮着一只沙鸥，
暖风吹动树叶无止无休。

山石狰狞突立似要把人追逐，
迷蒙中野花避开大路满面含羞，
与水面相平的屋脊立在庙的东头。

注:白话诗名为译者所加。

Huan Xi Sha

Huangsha Ridge

Xin Qiji

On a small plot of land stands a tower a hundred feet high;
Lone fort, spring flood, a solitary seagull,
And the winds of heaven buffet the trees unceasingly.

Rocks loom sudden and fierce before men,
Shy flowers lurk half-hidden by the roadside,
And east of the temple by the stream is a cottage.

西江月

夜行黄沙道中

辛弃疾

　　此词写出农村夏夜的美景，以及丰收在望的喜悦。

西江月

夜行黄沙道中①

辛弃疾

明月别枝惊鹊②，
清风半夜鸣蝉。
稻花香里说丰年，
听取蛙声一片。

七八个星天外，
两三点雨山前③。
旧时茅店社林边，
路转溪桥忽见④。

---

① 闲居带湖所作。黄沙：即黄沙岭。《上饶县志》："黄沙岭在县西
四十四里乾元乡，高约十五丈。"

② "明月"句：曹操《短歌行》："月明星稀，乌鹊南飞，绕树三匝，何
枝可依。"苏轼《次周令韵送赴阙》："月明惊鹊未安枝。"别枝：斜
出的树枝。

③ "七八个星"两句：卢延让《松寺》："两三条电欲为雨，七八个星
犹在天。"

④ "旧时"二句：倒装句法。

西江月
（月夜走在黄沙岭的路上）

枝头的鹊儿在月光下惊飞不定，
半夜里清风吹送阵阵蝉鸣。
稻花飘香谁在说着丰收年景，
听呀，是那一片热闹的蛙声。

七八个星星缀在远天，
在山前感受到两三点雨的凉润。
围绕土地庙的树林边有个熟悉的茅顶小旅店，
走过溪上小桥，拐个弯儿，便会映入眼中。

注：白话诗名为译者所加。

Xi Jiang Yue

Traveling at Night to Huangsha Ridge

Xin Qiji

The bright moon startles the crow on the slanting bough,
At midnight the breeze is cool, cicadas shrill;
The fragrance of the paddy foretells a good year
And frogs croak far and wide.

Seven or eight stars at the horizon,
Two or three drops of rain before the hill;
An old thatched inn borders the wood with the local shrine,
And where the road bends a small bridge is suddenly seen.

鹧鸪天

代人赋

辛弃疾

此词写的是乡村春景，充满了浓郁的生活气息。

宋词

鹧鸪天

代人赋①

辛弃疾

陌上柔桑破嫩芽②，
东邻蚕种已生些③。
平冈细草鸣黄犊，
斜日寒林点暮鸦。

山远近，
路横斜，
青旗沽酒有人家④。
城中桃李愁风雨，
春在溪头荠菜花。

① 词作年无考。
② 破：绽出，冒出。
③ 蚕种已生些：已有小部分蚕种孵化成幼蚕。
④ 青旗：即酒招，也称青帘，是卖酒的标志。

鹧鸪天
（代人作的词赋）

路边柔长的桑条上嫩芽绽出了，
东头邻居家的蚕种孵出一些蚕宝宝。
小草漫满平坦的小岗，黄毛小牛哞哞欢叫，
夕阳下点点鸦影飞向清冷的树林寻找鸟巢。

远远近近的山里，
横斜交错着路径条条，
卖酒的小店飘动着酒旗。
城里的桃花李花害怕风雨，
春光在溪头的荠菜花上闪耀。

注：白话诗名为译者所加。

Zhe Gu Tian

For a Friend

Xin Qiji

The roadside mulberries break into tender leaf,
Our east neighbor's silkworm eggs are hatching out;
A brown calf lows on the gentle, grassy slope,
Dusky crows dot the chill wood as the sun slants down.

Hills near and far,
A winding road,
And under the blue pennon a wine tavern;
The peach and plum in town fear the wind and rain,
But spring has come to the fountain where the shepherd's
　　purse is in bloom.

浣溪沙

常山道中即事

辛弃疾

此词写山村夏景,极为传神。

浣溪沙

常山道中即事^①

辛弃疾

北陇田高踏水频^②，
西溪禾早已尝新^③，
隔墙沽酒煮纤鳞^④。

忽有微凉何处雨，
更无留影霎时云，
卖瓜人过竹边村。

---

① 作于宋宁宗嘉泰三年(1203)夏，稼轩赴浙东安抚使任途中。常
山：今浙江常山县，以境内有常山而得名。
② 北陇：北边高地。踏水：踏着水车车水。
③ 尝新：指品尝新稻。
④ 纤鳞：细鳞，代指鱼。

浣溪沙
（赴常山路上记事）

北边高处的田里还在不停地踏着水车车水，
西溪边稻子已割，品尝它新鲜的风味，
去隔壁酒店买来酒，烹煮肥鱼香气飘飞。

哪里下雨啊，忽然感到凉意淡微，
可并不见云影在刹那间低回，
卖瓜人走过竹边村子喊声清脆。

注：白话诗名为译者所加。

Huan Xi Sha

Sights on a Trip to Changshan

Xin Qiji

On the north bank the fields are high, tread-wheels are
pumping water;
By the west stream the crops ripen early, already they have
eaten new rice;
I buy wine from next door and cook small fish.

A breath of cool air — it must have rained nearby —
But in a flash the shadows of the clouds are gone
And a melon-vendor passes the village by the bamboos.

南乡子

登京口北固亭有怀

辛弃疾

　　作者通过歌颂孙权的英勇善战，保卫东南，暗里讽刺南宋政府的苟且偷安。

南乡子

登京口北固亭有怀①

辛弃疾

何处望神州，
满眼风光北固楼②。
千古兴亡多少事，
悠悠。
不尽长江滚滚流。

年少万兜鍪③，
坐断东南战未休④。
天下英雄谁敌手？
曹刘⑤。
生子当如孙仲谋⑥。

---

① 作于开禧元年(1205)，时稼轩在镇江知府任上。

② 北固楼：即北固亭。

③ 兜鍪(dōumóu 音兜谋)：头盔，代指兵士。

④ 坐断：占据。

⑤ "天下"二句：《三国志·蜀先主传》载，曹操与刘备论英雄："今天下英雄惟使君(指刘备)与操耳，本初(袁绍)之徒不足数也。"

⑥ "生子"句：《三国志·孙权传》注引《吴历》云，曹操尝与孙权对垒，"见舟船、器仗、军伍整肃，喟然叹曰：'生子当如孙仲谋，刘景升儿子(指刘琮)若豚犬耳。'"仲谋为孙权表字。

南乡子

（登镇江北固亭）

远望中原沦陷，何处是完整的神州，
只见大好风光展现在北固亭四周。
千万年来多少朝代兴亡的故事，
悠长得没有尽头。
像无尽长江水滚滚奔流。

年轻的孙权挂帅领兵，
驻守东南历经无数战斗。
天下的英雄谁是他的对手？
只有曹操和刘备。
生养的儿子应像孙权一样骁勇多谋。

注：白话诗名为译者所加。

Nan Xiang Zi

Thoughts in Beigu Pavilion at Jingkou

Xin Qiji

Where can I see our northern territory?
Splendid the view from the Beigu Pavilion.
How many dynasties have risen and fallen
In the course of long centuries,
And history goes on
Endless as the swift-flowing Yangtse.

A young king with a host of armored men
Held the southeast and fought with never a moment's
    respite;
Two alone of all the empire's heroes could match him —
Brave Cao Cao and Liu Bei.
"How I long for a son like Sun Quan!"

生查子

题京口郡治尘表亭

辛弃疾

此词歌颂治水的大禹,并表达作者要以他为楷模的志向。

生查子

题京口郡治尘表亭①

辛弃疾

悠悠万世功，
矻矻当年苦②。
鱼自入深渊，
人自居平土③。

红日又西沉，
白浪长东去。
不是望金山④，
我自思量禹。

---

① 词作于嘉泰四年春至开禧元年夏（1204—1205），时稼轩在镇江知府任上。京口：镇江。尘表亭：未详。

② "悠悠"二句：《史记·夏本纪》："禹伤先人父鲧功之不成受诛，乃劳身焦思，居外十三年，过家门不敢入。"矻矻（kū 音枯）：辛勤劳苦貌。

③ "鱼自"二句：《孟子·滕文公下》："禹掘地而注之海，驱蛇龙而放之菹。""险阻既远，鸟兽之害人者消，然后人得平土而居之。"

④ 金山：在镇江西北长江中。《舆地纪胜·镇江府景物》："旧名浮玉，唐李琦镇润州，表名金山。因裴头陀开山得金，故名。"上有金山寺。至今犹为游览胜景。

生查子

（写在镇江尘表亭上）

大禹永恒的功业啊，
来自当年的辛勤劳苦。
鱼自觉地潜入深水，
人自在地在平地安居。

红日又在西边慢慢沉落，
白浪滔滔永远向东流去。
我不是在凝望江水中的金山，
是在思念大禹怎样为民造福。

注：白话诗名为译者所加。

Sheng Zha Zi

An Inscription for Chenbiao Pavilion at Jingkou

Xin Qiji

Great deeds live on ten thousand generations：
Hard he toiled in ancient times
That fish might plunge in the vast deep
And men dwell on the plain.

The red sun sets once more in the west，
White billows surge endlessly east；
My eyes are not fixed on the Mount of Gold
But my thoughts turn to King Yu.

水龙吟

登建康赏心亭

辛弃疾

此词写作者得不到朝廷重用的苦闷,对沦陷区人民的关怀,以及自己抗金的决心。但最终是壮志难申,伤心落泪。

水龙吟

登建康赏心亭①

辛弃疾

楚天千里清秋，
水随天去秋无际。
遥岑远目，
献愁供恨，
玉簪螺髻②。
落日楼头，
断鸿声里，
江南游子。
把吴钩看了③，
栏杆拍遍，
无人会、登临意。

休说鲈鱼堪脍，

---

① 词作于淳熙元年(1174)秋，时稼轩在建康江东安抚使参议官任上。建康：今江苏南京市。赏心亭：北宋丁谓创建，位于建康下水门城上，下临秦淮河，为当时游览胜地。

② 遥岑(cén 音涔)：远山。"献愁"二句，倒装句式。玉簪螺髻：状远山之形。

③ 吴钩：古代吴国所铸弯形宝刀，以泛指刀剑。

水龙吟

尽西风、季鹰归未①。
求田问舍，
怕应羞见，
刘郎才气②。
可惜流年，
忧愁风雨，
树犹如此③。
倩何人，
唤取红巾翠袖，
揾英雄泪④。

———————————

① "休说"二句：反用张翰弃官南归事。
② "求田"三句：《三国志·陈登传》载：许汜见陈登，陈登久不与语，使许汜卧下床，而自卧大床。许汜诉于刘备。刘备曰："君有国士之名，今天下大乱，帝主失所，望君忧国忘家，有救世之意；而君求田问舍，言无可采，是元龙（陈登的字）所讳也，何缘当与君语！如小人，欲卧百尺楼上，卧君于地，何但上下床之间耶！"求田问舍：买田置房子。
③ "可惜"三句：晋朝桓温北伐，途经金城，见当年手植柳树已有十围之粗，叹曰："木犹如此，人何以堪？"
④ 倩(qiàn 音欠)：请。红巾翠袖：此处指歌女。揾(wèn 音问)：擦，揩试。

宋词

水龙吟

（登临南京赏心亭）

蓝天下南方清冷的秋风吹拂千里万里，
水天一色，秋光无边无际。
遥望远山逶迤，
带给人们尽是忧愁怨恨，
尽管山如美人的玉簪和发髻。
夕阳染红楼头，
失群的飞雁悲伤地哭泣，
就像我这漂泊江南的游子。
看罢吴地出产的宝刀，
又把栏杆逐个儿吟哦叩击，
没有人懂得我登楼远望的深意。

不要说肥嫩的鲈鱼正好切煮成佳肴，
秋风遍地，我不能像张翰那样归回故里。
或如许汜置屋买地，
那样我会又羞又怕去见——
像刘备那种人物的杰出风仪。
可叹时光似流水飞逝，
我担心风雨使人衰老，

如同大树经受不住它的催逼。
邀请谁呢，
去唤来披红着绿的歌女，
替英雄拭擦泪滴。

注： 白话诗名为译者所加。

Shui Long Yin

Climbing Shangxin Pavilion in Jiankang

Xin Qiji

A southern sky and a clear sweep of autumn,

Water brims to the skyline, autumn knows no bounds,

While the distant hills,

Jade clasps on a girl's coiled tresses,

Only conjure up grief and pain.

High in the pavilion I watch the setting sun,

Hear the cry of a lonely swan,

A wanderer in the south, gazing at my sword,

I beat time on the balustrade,

With none to know

What passes through my mind.

True, this is the season for perch,

But will the west wind

Blow the wanderer home?

Those who grub for houses and land

Must blush to meet a noble-hearted man.

Ah, the years slip past

Lamented by wind and rain,

And even the trees grow old!

Who will summon a green-sleeved maid

With red handkerchief
To wipe the hero's tears?

水龙吟

古诗苑汉英译丛

宋词

菩萨蛮

书江西造口壁

辛弃疾

此词表达了作者对破碎山河的痛惜,对苦难的人民的同情,以及收复失地的决心。但只落得在江西做客,忧愁满怀。

菩萨蛮

书江西造口壁①

辛弃疾

郁孤台下清江水②，
中间多少行人泪。
西北望长安，
可怜无数山③。

青山遮不住，
毕竟东流去。

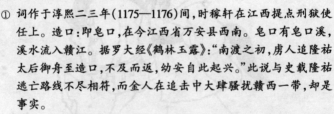

① 词作于淳熙二三年(1175—1176)间，时稼轩在江西提点刑狱使任上。造口：即皂口，在今江西省万安县西南。皂口有皂口溪，溪水流入赣江。据罗大经《鹤林玉露》："南渡之初，虏人追隆祐太后御舟至造口，不及而返，幼安自此起兴。"此说与史载隆祐逃亡路线不尽相符，而金人在追击中大肆骚扰赣西一带，却是事实。

② 郁孤台：在今赣州西北，因其郁然孤峙而得名。《赣州府志》载，唐李勉为赣州刺史时，曾登台北望长安，因改名为"望阙台"。清江：袁江与赣江合流处，旧称清江，此指赣江。赣江由南而北经赣州市，过郁孤台下，至造口，流入鄱阳湖。

③ 可怜：可惜。

江晚正愁予，
山深闻鹧鸪①。

---

① 闻鹧鸪：传说鹧鸪飞必向南，且鸣声凄切，易触羁愁。它的叫声
像是在说"行不得也哥哥"。北宋张咏《闻鹧鸪》诗："画中曾见
曲中闻，不是伤情即断魂。北客南来心未稳，数声相对在前
村。"

菩萨蛮

（题写在江西造口镇的墙壁上）

郁孤台下赣江清碧，
里面有无数逃难者的泪滴。
朝西北去望故都汴京，
可惜被重重青山遮得严严密密。

青山挡住视线却挡不住涛声如鼓，
终究向东奔去一泻千里。
天色晚了，我正在江边惆怅，
深山里传来鹧鸪"行不得也"的鸣啼。

注：白话诗名为译者所加。

Pu Sa Man

Written on the Wall at Zaokou in Jiangxi

Xin Qiji

Past Yugu Tower flows the Qing
Bearing the tears of countless wayfarers,
And I gaze northwest towards Chang'an
Dismayed by all the hills that lie between.

Green mountains are no bar
To the Qing flowing on to the sea,
But as dusk falls on the stream my heart is heavy
When I hear the cuckoos calling deep in the hills.

清平乐

独宿博山王氏庵

辛弃疾

此词写独居荒村的孤寂,回首平生的战斗生活,而对眼前的万里江山,不禁无限感慨。

清平乐

独宿博山王氏庵①

辛弃疾

绕床饥鼠，
蝙蝠翻灯舞。
屋上松风吹急雨，
破纸窗间自语。

平生塞北江南②，
归来华发苍颜③。
布被秋宵梦觉，
眼前万里江山。

---

① 闲居带湖作。王氏庵：王姓之茅屋。
② 塞北：稼轩《美芹十论》自谓南归前曾"两随计吏抵燕山，谛观形势"。
③ 华发苍颜：头发白了，面容衰老。

清平乐

（独自借宿在博山王姓的茅屋里）

饥饿的老鼠在床的四周奔忙，
蝙蝠在灯影里上下飞舞翅膀。
松林里刮来狂风夹带急雨卷向屋顶，
像是自言自语，破了的窗纸沙沙地响。

多少年来我走遍北方和南方，
归来时头发雪白衬着苍老的脸庞。
秋夜盖着单薄的布被睡了又醒，
梦里的万里江山还在眼前摇晃。

宋词

注：白话诗名为译者所加。

Qing Ping Yue

A Night in Wang's Hut at Boshan

Xin Qiji

Famished rats scuffle round the bed,
Bats flit round the lamp,
Wind from the pines lashes the roof with rain
And torn window paper whispers to itself.

All my life I have traveled north and south
And am now returned white-headed, my face haggard;
Waking under my cotton quilt this autumn night
I still see our magnificent land stretching to infinity.

丑奴儿

书博山道中

辛弃疾

　　《丑奴儿》是《采桑子》的别名。上片写少年不识愁滋味,衬托下片的真正苦愁——不能率兵杀敌以收复失地,却又不可明说,只好去说天气。

丑奴儿

书博山道中①

辛弃疾

少年不识愁滋味，
爱上层楼。
爱上层楼②，
为赋新词强说愁③。

而今识尽愁滋味，
欲说还休。
欲说还休，
却道天凉好个秋。

---

① 闲居带湖之作。
② 层楼：高楼。
③ 强说愁：谓无愁而勉强说愁，此处指闲愁。后面的愁是家国之
　思的哀愁。

丑奴儿

（写在博山路上）

年轻时没有尝到忧愁的真正滋味，
最爱登上高楼。
最爱登上高楼，
为写新诗勉强说些闲愁。

如今理解透了哀愁的滋味，
想说什么又罢休。
想说什么又罢休，
却说是"好一个清凉的秋"。

注：白话诗名为译者所加。

Chou Nu Er

Written on My Way to Boshan

Xin Qiji

As a lad I never knew the taste of sorrow,
But loved to climb towers,
Loved to climb towers,
And drag sorrow into each new song I sang.

Now I know well the taste of sorrow,
It is on the tip of my tongue,
On the tip of my tongue,
But instead I say, "What a fine, cool autumn day!"

清平乐

村 居

辛弃疾

此词写的是温馨而风趣的农村生活场景。

清平乐

村　居①

辛弃疾

茅檐低小，
溪上青青草。
醉里吴音相媚好②，
白发谁家翁媪③。

大儿锄豆溪东，
中儿正织鸡笼。
最喜小儿亡赖④，
溪头卧剥莲蓬。

---

① 闲居带湖之作。
② 吴音：信州旧属吴地，故称吴音。
③ 媪（ǎo 音袄）：老妇。
④ 亡（音义同"无"）赖：原意无聊，此引申为顽皮。《汉书·高帝纪》
　　注云："江淮之间，谓小儿多诈、狡狯为亡赖。"

清平乐

（住在山村里）

茅屋子又矮又窄狭，
溪岸上风拂青草，沙沙沙沙。
酒醉中传来动人的南方话，
白发的公公婆婆来自哪一家。

大儿子在溪东的豆畦锄草，
二儿子正编织着鸡笼的竹架。
最喜欢顽皮的小儿子，
躺在溪边把莲蓬里的莲子一粒粒剥下。

宋词

注： 白话诗名为译者所加。

Qing Ping Yue

Life in Village

Xin Qiji

The eaves of the thatched hut hang low,
Green, green the grass by the stream:
What tipsy white-haired couple have we here
Billing and cooing in accents of the south?

Their first-born is hoeing the bean plot east of the stream,
The second is making a hen coop;
Their best-loved, youngest scamp
Sprawled out on the bank is peeling lotus seeds.

贺新郎

辛弃疾

应好友之索而写的新词,写的恰是好友间相聚
相别。为的是博君一笑,却满纸无限悲情。

贺新郎①

辛弃疾

陈同父自东阳来过余②,留十日,与之同游鹅湖,且会朱晦庵于紫溪③,不至,飘然东归。既别之明日,余意中殊恋恋,复欲追路,至鹭鸶林,则雪深泥滑,不得前矣。独饮方村,怅然久之,颇恨挽留之不遂也。夜半,投宿吴氏泉湖四望楼,闻邻笛悲甚,为赋乳燕飞以见意④。又五日,同父书来索词,心所同然者如此,可发千里一笑。

> 把酒长亭说,
> 看渊明,
> 风流酷似,

① 词作于淳熙十五年(1188)冬,时稼轩罢居带湖。
② 陈同父:陈亮字同父(同甫),婺州永康人,学者称龙川先生,南宋杰出的思想家。才气豪迈,主抗金,三次被诬入狱。与稼轩交往甚密,且有诗词唱和。著有《龙川词》,词风近辛。东阳:即婺州。过:访问,探望。
③ 朱晦庵:朱熹字元晦,晚年自称晦庵,南宋著名哲学家,学术著作极富。早期主战,晚年主和,与辛、陈政见相左。紫溪:在江西铅山县南,位于江西和福建交界处。
④ 《乳燕飞》:《贺新郎》的别名,即指本词。

卧龙诸葛①。
何处飞来林间鹊，
蹙踏松梢残雪②，
要破帽、多添华发。
剩水残山无态度③，
被疏梅、料理成风月④。
两三雁，
也萧瑟。

佳人重约还轻别。
怅清江、天寒不渡。
水深冰合。
路断车轮生四角⑤，
此地行人销骨。
问谁使、君来愁绝？
铸就而今相思错，
料当初、费尽人间铁⑥。

贺新郎

宋词

① "渊明"二句：以陶渊明、诸葛亮喻陈亮。
② 蹙(cù 音促)：同"蹴"，踢。
③ 无态度：谓无生气。
④ 料理：此作装饰、点缀讲。
⑤ 车轮生四角：喻无法行进。
⑥ "铸就"二句：据《资治通鉴》卷二六五载，唐末魏州节度使罗绍
威为应付军内不协，请来朱全忠大军。朱军在魏州半年，耗资
无数，罗之实力自此衰弱。罗悔之，尝谓人曰："合六州四十三
县铁，不能为此错也。""错"，谐音双关，既指错刀，复指错误。
辛词取"错刀"意，喻友谊深厚坚实。

长夜笛，
莫吹裂①。

---

① "长夜笛"二句：据《太平广记》，唐著名笛师李謩于某宴会遇独
　　孤生。独孤生对李謩精妙笛技，微笑而已。李謩乃取笛请独孤
　　吹奏。独孤曰："此入破必裂，得无客惜否?"乃吹，笛果败裂。
　　此应题序"闻邻笛悲甚。"

贺新郎
(寄赠陈亮)

陈亮从浙江东阳来访我,留居十天,我和他同游鹅湖,并约请朱熹到紫溪会晤,朱熹因事未来,陈亮随即飘然东去归返家乡。分别后第二天,我心中还很留恋,再次沿途追赶,到达鹭鸶林,因雪深路滑,不可前行。独自一人在方村饮酒,久久惆怅,很是埋怨自己挽留没有成功。半夜,投宿于吴姓的泉湖四望楼,听邻家吹笛声音悲切,为此写了《贺新郎》这首词以抒发情感。又过了五天,陈亮写信来索取新词,他竟是这样与我心心相印,于是寄新词使远方的他开颜一笑。

在长亭饮酒话别最动情。
眼前的陈亮多像清高的陶渊明,
那般的风雅多才,又极似卧龙岗的诸葛先生。
从树林的哪个角落飞出鹊鸟,
踏落了松枝上残雪纷纷,
飘飘在破帽上如白发添增。
冬天的山水凋败得不成模样,
却被疏朗的梅花点缀得景色生春。
两三只大雁飞过,
又是一番凄凉冷清。

好朋友守约而来却又急于走上归程。

担心大江上天寒难以行船，
深深的水波结成厚冰。
道路中断车轮长出四角，
怎不叫我在此无限伤心。
问是谁使你来后忧愁更重？
别后相思似铸就的坚韧错刀，
料想当时把天下好铁耗费一空。
深夜的竹笛啊，
不要吹裂在一腔悲怨之中。

注：白话诗名为译者所加。

He Xin Lang

Xin Qiji

Chen Liang came from Dongyang and stayed with me for ten days. I took him to visit Goose Lake and we arranged to see Zhu Xi at Zixi, but he did not come and my friend had to go back east. The day after his departure I missed him so much that I started out after him. In Egret Wood, however, the snow was too deep and the path too slippery for me to go on. I did some solitary drinking in Fang Village and remained for a long time depressed by my failure to bring him back. Later that night I found lodgings in Siwang Pavilion belonging to the Wu family in Quanhu, and the plaintive fluting from the next house made me pour out my feelings in a song written to the tune He Xin Lang. Five days later a letter came from Chen Liang asking me for a poem. It is rather amusing that, far apart as we were, both of us were thinking along similar lines.

Cup in hand we talked before parting,
You a second Tao Yuanming
High-hearted as sagacious Zhuge Liang.
From the wood came flitting a magpie
Scattering flakes of snow from the pine branches
To add white to the hair

Below our tattered hats.

Dwindling stream and meager hills were no much to
   look at,

Barely making a picture with sparse branches of plum,

And the few wild geese winging past

Seemed lonely too.

My friend kept tryst but left me all to soon;

I gaze disconsolately at the Qing,

Too cold to ferry today,

Deep and packed with ice.

The road is cut, cart-wheels bog down in ruts,

Causing grief to the traveler!

Who sent you, friend,

To rend my heart like this?

All the iron on earth was surely spent

To forge so great a weight of pain and longing;

Beware lest it shatter the flute

This long, slow night.

破阵子

为陈同甫赋壮词以寄之

辛弃疾

此词描绘辛弃疾当年统领的义军的雄壮军威和英勇战斗,也透露出他最终难以实现壮志的苦闷。

破阵子

为陈同甫赋壮词以寄之①

辛弃疾

醉里挑灯看剑，
梦回吹角连营②。
八百里分麾下炙③，
五十弦翻塞外声④。
沙场秋点兵。

马作的卢飞快⑤，
弓如霹雳弦惊⑥。

---

① 词作于稼轩与陈亮《贺新郎》词唱和之后，但具体日期未详。同甫系陈亮的表字。

② 梦回：梦醒。

③ 八百里：牛名。《世说新语·汰侈篇》载：晋王恺有牛名"八百里驳（驳）"。与王济比射，以此牛为赌。恺输，乃杀牛作炙。苏轼《约公择饮，是日大风》："要当啖公八百里，豪气一洗儒生酸。"麾下：指部下将士。炙：烤肉。

④ 五十弦：指瑟，古瑟用五十弦，此泛指军中乐器。翻：演奏。

⑤ 的卢：一种烈性快马，相传刘备在荆州遇危，所骑的卢"一跃三丈"，因而脱险。见《三国志·蜀志·先生传》注引《世语》。

⑥ 霹雳：雷声，喻射箭时的弓弦声。《南史·曹景宗传》载，曹在乡里"与年少辈数十骑，拓弓弦作霹雳声，箭如饿鸱叫"。

了却君王天下事，
赢得生前身后名，
可怜白发生。

破阵子

（为鼓励陈亮而写一首雄壮的词寄给他）

酒醉中把灯挑亮细看剑锋，
梦醒后听见号角响彻座座军营。
驻地官兵分到烤肉的犒劳，
许多乐器合奏出边地乐曲的雄浑。
秋色中战场检阅威武的军容。

像的卢那样的战马扬蹄飞奔，
射箭的弓震动出雷霆之声。
替君王完成统一天下的大业，
得到生前死后的美名，
可惜我双鬓白发萌生。

注：白话诗名为译者所加。

Po Zhen Zi

A Poem in a Heroic Vein for Chen Liang

Xin Qiji

Half drunk I lit the lamp to look at my sword

After dreams of the bugling in our army camps,

The roasted beef shared among our men,

The harpist's tune from the northern border.

It was autumn, we marshaled our troops on the field of war.

Horses sped as if on wings,

Bow-strings twanged like thunder,

And we carried out the emperor's behest

Winning fame both in life and in death...

But now, alas, my hair is turning white!

鹧鸪天

有客慨然谈功名，因追念少年时事，戏作。

辛弃疾

　　此词上片是对年轻时一场英勇斗争的回忆，下片写收复失地的壮志难以实现的惆怅。

古诗苑汉英译丛

鹧鸪天

有客慨然谈功名，因追念少年时事，戏作①

辛弃疾

壮岁旌旗拥万夫，
锦襜突骑渡江初②。
燕兵夜娖银胡䩮③，
汉箭朝飞金仆姑④。

追往事，
叹今吾。
春风不染白髭须。

---

① 约作于庆元六年(1200)，时稼轩闲居瓢泉。少年时事：指稼轩青年时期的一段抗金生涯：如起义归宋、夜袭金营、献俘渡江诸事，见《宋史本传》。词的上片即回忆此段英雄往事。
② 锦襜(chān 音搀)：锦衣。襜：短上衣。
③ 燕兵：指金兵。娖(chuò 音龊)：谨慎貌。银胡䩮(lù 音录)：饰银的箭袋，多用皮革制成，既以盛箭，兼用于夜测远处声响。唐人杜佑《通典·守拒法》："令人枕空胡䩮卧，有人马行三十里外，东西南北皆响于胡䩮中。名曰'地听'，则先防备。"
④ 金仆姑：箭名。《左传·庄公十一年》谓"公以金仆姑射南宫长万"。

宋词

却将万字平戎策①，
换得东家种树书②。

古诗苑汉英译丛

宋词

① 万字平戎策：指抗金复国良策。按：稼轩南归后，曾先后上《美
芹十论》和《九议》，力陈抗金战略，均未获重视。

② 东家：东邻家。种树书：《史记·秦始皇本纪》记秦始皇焚书"所
不去者，医药、卜筮、种树之书"。此喻归隐。韩愈《送石洪》诗：
"长把种树书，人云避世士。"

鹧鸪天

（有客人感慨地谈起功名事业,我随便写下这首诗）

年轻时我的军旗下万名战士拥簇,
准备渡江的铁骑,一色耀眼的锦衣。
金兵趁夜偷袭,背着银色箭袋,
早晨我们英勇反击,射出纷飞箭雨。

回想往事,
叹息今天的我不似当初。
春风啊不能染青已白的胡须。
只好丢开平定入侵者的宏伟计划,
来跟东邻的农家学习栽花种树。

注:白话诗名为译者所加。

Zhe Gu Tian

Xin Qiji

Written in jest when a friend's impassioned talk of achievement and fame made me think back to my youth.

In my youth ten thousand men flocked to my standard,
In brocade coats we galloped north and crossed the Yangtze;
The Tartars at night checked their quivers inlaid with silver,
Our men in the morning shot arrows tipped with gold.

I long for the past and grieve over my present state,
What spring wind can turn my white beard black again?
In place of memorials on destroying the Tartars
I read my neighbor's manual on growing trees!

西江月

遣　兴

辛弃疾

　　此词写醉态、狂态，真切而生动。词中不说愁，可是言外仍是说愁——壮志难酬之愁。

西江月

遣　兴①

辛弃疾

醉里且贪欢笑，
要愁那得工夫。
近来始觉古人书，
信着全无是处②。

昨夜松边醉倒，
问松"我醉何如？"
只疑松动要来扶，
以手推松曰"去③！"

---

① 此词作年莫考。

② "近来"二句：意出《孟子·尽心》："尽信书，则不如无书。"孟子以为《尚书·武成》一篇纪事不可尽信。

③ "推松"句：暗用龚胜事。据《汉书·龚胜传》，哀帝时，丞相王嘉被诬有"迷国罔上"之罪。龚胜以为举罪犹轻。夏侯常拟劝之，"胜以手推常曰：'去！'"

西江月

（抒怀寄意）

喝得醉醺醺只是贪图欢愉，
要发愁我可没那闲工夫。
近来才觉得古人书本上的话，
如果相信它，简直毫无用处。

昨夜我在松树边醉倒，
问松树"我醉到什么程度"？
朦胧中疑心松树要来搀扶，
用手推开松树说："去！"

注：白话诗名为译者所加。

Xi Jiang Yue

Written for Fun

Xin Qiji

In my cups I want nothing but fun and jollity,
What time have I for care?
Of late I begin to see the futility
Of trusting in those books by the men of old.

Last night by the pine I staggered tipsy
And asked the pine, "How drunk am I?"
When I imagined the pine sidling over to support me,
I pushed it off saying, "Away!"

永遇乐

京口北固亭怀古

辛弃疾

　　此词歌颂孙权、刘裕的抗敌精神,谴责刘义隆的北伐失败。看出作者是要求做好一切准备来争取抗金的胜利。可是小朝廷并不重视他,以致他对国事忧心如焚。

永遇乐

京口北固亭怀古①

辛弃疾

千古江山，
英雄无觅、孙仲谋处②。
舞榭歌台，
风流总被、雨打风吹去。
斜阳草树，
寻常巷陌，
人道寄奴曾住③。
想当年、金戈铁马，
气吞万里如虎。

元嘉草草④，

---

① 词作于开禧元年(1205)，时稼轩在镇江知府任上。京口：今江苏镇江。北固亭：在镇江城北北固山上，下临长江，回岭绝壁，形势险固。晋蔡谟筑楼山上，名北固楼，亦称北固亭。
② 孙仲谋：三国时吴国国主孙权字仲谋，曾建都京口，后迁都建康。
③ 寄奴：南朝宋武帝刘裕小字寄奴，先祖随晋室南渡，世居京口，刘裕曾于京口起事北伐。
④ 元嘉：宋文帝(武帝刘裕之子)刘义隆年号。元嘉二十七年，命王玄谟北伐，因草率从事而败归。草草：马马虎虎。

封狼居胥①，

赢得仓皇北顾②。

四十三年，

望中犹记，

烽火扬州路③。

可堪回首，

佛狸祠下④，

一片神鸦社鼓。

凭谁问，

廉颇老矣，

尚能饭否⑤？

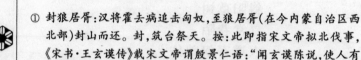

① 封狼居胥：汉将霍去病追击匈奴，至狼居胥(在今内蒙自治区西北部)封山而还。封，筑台祭天。按：此即指宋文帝拟北伐事，《宋书·王玄谟传》载宋文帝谓殷景仁语："闻玄谟陈说，使人有封狼居胥意。"

② "赢得"句：即指宋文帝北伐兵败事。据《南史·宋文帝纪》，北兵追至江边，扬言欲渡江。宋文帝登楼北望，深悔不已。又，据《宋书·索虏传》，早在元嘉八年，宋文帝因滑台失守，就曾写过"北顾涕交流"之诗句。

③ "四十三年"三句：稼轩于绍兴三十二年(1162)奉表南渡，至开禧元年(1205)京口任上，正是四十三年。烽火：指金兵骚扰不断。

④ 佛狸：北魏太武帝拓拔焘小字佛狸。元嘉二十七年，追击刘宋军至江北瓜步山，建行宫，后改佛狸祠。

⑤ "廉颇"二句：《史记·廉颇传》："廉颇居梁，久之，魏不能信用。赵以数困于秦兵，赵王思复得廉颇，廉颇亦思复用于赵。赵王使使者视廉颇尚可用否。廉颇之仇郭开多与使者金，令毁之。赵使者既见廉颇，廉颇为之一饭斗米，肉十斤，被甲上马，以示尚可用。赵使还报王曰：'廉将军虽老，尚善饭，然与臣坐，顷之三遗矢矣。'赵王以为老，遂不召。"

永遇乐

(镇江北固亭怀念古代的人和事)

江山永久的留存,
像孙仲谋那样的英雄却无处可寻。
歌舞楼台,
繁华景象都被风吹雨打一空。
夕阳映照草木杂乱的地方,
简陋的街巷冷冷清清,
有人说宋武帝曾在这里出生。
想当年他的大军刀枪闪亮铁骑飞驰,
威风凛凛,像老虎一样把仇敌生吞。

宋文帝这一辈平庸无能,
仓促间想建立北伐的功勋,
只落得一场大败,登楼北望胆战心惊。
四十三年了,
在眺望中还记得,
扬州路上战火飞腾。
不堪回首啊,
敌占区的庙里香火旺盛,
乌鸦争食的啼叫伴着一片祭神的鼓声。

依靠谁来问：
你虽像廉颇一样老了，
饭量是不是还大得惊人？

注：白话诗名为译者所加。

Yong Yu Le

Thinking of the Past at Beigu Pavilion in Jingkou

Xin Qiji

In this ancient land
What trace remains of Wu's brave king Sun Quan?
Towers and pavilions where girls danced and sang,
Your glory is swept away by wind and rain;
The slanting sunlight falls on grass and trees,
Small lanes, the quarters of the humble folk;
Yet here, they say, Liu Yu lived.
I think of the days gone by
When with gilded spear and iron-clad steed he charged
Like a tiger to swallow up vast territories.

In the days of Yuanjia
Hasty preparations were made
To march to the Langjuxu Mountains,
But the men of Song were routed from the north.
Now forty-three years have passed,
And looking north I remember
The beacon fires that blazed the way to Yangzhou;
Bitter memories these
Of sacred crows among the holy drums
In the Tartar emperor's temple.

Who will ask old Lian Po
If he still enjoys his food?

宋词

贺新郎

辛弃疾

　　此词写的是作者落职闲置后的寂寞心情，以及对时局的深刻怨愤。

贺新郎

辛弃疾

邑中园亭,仆皆为赋此词。一日独坐停云,水声山色,竟来相娱。意溪山欲援例者,遂作数语,庶几仿佛渊明思亲友之意云①。

甚矣吾衰矣②。
怅平生、交游零落,
只今余几?
白发空垂三千丈③,
一笑人间万事。
问何物、能令公喜④?
我见青山多妩媚,
料青山、见我应如是。
情与貌,
略相似。

---

① 此闲居瓢泉之作。邑:指铅山邑县。停云:稼轩瓢泉居处堂名。渊明思亲友:陶渊明有《停云》诗四首,自谓"思亲友"。

② "甚矣"句:《论语·述而》:"甚矣吾衰矣,久矣吾不复梦见周公。"

③ "白发"句:李白《秋浦歌》:"白发三千丈,缘愁似个长。"

④ 能令公喜:《世说新语·宠礼篇》王恂、郗超因奇才为大司马桓温赏识。荆州时语谓此二人"能令公喜,能令公怒"。

一尊搔首东窗里。
想渊明、停云诗就，
此时风味①。
江左沉酣求名者②，
岂识浊醪妙理③。
回首叫、云飞风起④。
不恨古人吾不见，
恨古人、不见吾狂耳⑤。
知我者，
二三子⑥。

贺新郎

① "一尊"三句：陶潜《停云》诗："静寄东轩，春醪独抚。良朋悠邈，
　搔首延伫。"
② 江左沉酣求名者：指南朝纵酒而求名利的名士清流。苏轼《和
　陶渊明饮酒诗》："江左风流人，醉中亦求名。"
③ 浊醪(láo 音劳)：浊酒。
④ 云飞风起：刘邦《大风歌》："大风起兮云飞扬。"
⑤ "不恨"二句：《南史·张融传》载张融语："不恨我不见古人，恨古
　人不见我。"
⑥ 二三子：孔子对其学生的称谓。

贺新郎

（闲居抒怀）

在铅山县的园池亭台，我都为来访者吟读这首词。有一天独自坐在停云堂，水声山石使我愉快。想引用成例以溪山抒怀寄意，立刻写下几句，也许可以相似于陶渊明思念亲朋戚友的题旨。

我已经非常衰老。
此生中零散殒落的故交，
还剩下几个？
两鬓徒生白发飘飘，
人间万事，且付之一笑。
问什么物件能使我舒展眉梢？
我见青山多么妩媚，
料想青山见我也应觉绝俗清高。
我的情感和它的面貌，
都有些略略相肖。

东窗下边饮酒边把头发轻搔。
想起陶渊明把《停云》诗写好，
正是我此时体验的味道。
南朝的人沉溺于追逐虚名，

哪懂得喝酒的奥妙。
回头一声大喊，顿时大风扬起云涛。
不怨我没有看见古人，
却怨古人不见我的狂傲。
真正能理解我的人。
只有两三个同道友好。

_____

注：白话诗名为译者所加。

He Xin Lang

Xin Qiji

I've grown too old!
Sad that few of my friends remain.
How many are still alive?
My long white hair hangs in vain;
Smiling I brush aside all worldly cares.
Why are you so happy?
Because I love the graceful green hills,
Perhaps they feel the same for me.
In sentiment and looks we seem alike.

A cup of wine before me, I scratch my head by the eastern
    window.
After having composed his poem "The Lingering Clouds,"
Tao Qian was, I believe, in a similar mood.
Intoxicated with ambition, those in the Yangzi Valley
Cannot appreciate the truth I've found in mellow wine.
Head turned I chant my poem, the wind whipping the
    clouds.
I do not regret not having seen the ancients;
But that they could not have seen me like this.
Only two or three men understand me.

踏莎行

姜　夔

这是一首怀念相爱的人所作的词。

踏莎行

姜　夔

　　自沔东来，丁未元日至金陵，江上感梦而作①。

燕燕轻盈，
莺莺娇软②。
分明又向华胥见③。
夜长争得薄情知，
春初早被相思染。

别后书辞，
别时针线。
离魂暗逐郎行远。
淮南皓月冷千山④，
冥冥归去无人管。

---

① 词作于宋孝宗淳熙十四年(1187)元旦，词人自汉阳乘舟东下至
　金陵，夜梦情人而作。沔：沔州，即今湖北汉阳。丁未：淳熙十
　四年。金陵：今南京市。
② "燕燕"二句："燕燕"、"莺莺"均指所恋女子。"轻盈"，形容恋人
　体态轻盈如燕。"娇软"形容恋人声音娇柔似莺。
③ 华胥：梦境。《列子》载："黄帝昼寝而梦游于华胥氏之国。"
④ 淮南：指安徽合肥。宋时合肥属淮南路。白石恋人正在合肥。

踏莎行

（梦　中）

从汉阳东下，1187年元旦到达南京，江上夜梦有感作了此词。

情人的身影比燕子轻灵，
情人的声音如莺语娇嫩。
清清楚楚我们在梦中相逢。
你说：长夜难眠，薄情郎怎么知道？
初春的景物早被我的相思染尽。

常翻阅你别后寄来的书信，
穿着别时你缝的衣服暖意融融。
你的魂魄悄然追逐我遥远的行程。
月光下淮南千山多么清冷，
你踏夜归去无人照料陪送。

注：白话诗名为译者所加。

Ta Suo Xing

Jiang Kui

Having left east Mian（present-day Hanyang，Hubei Province），I reached Jinling（present-day Nanjing）by the first day of the year Ding Wei（1187）. Staying overnight on the river，I dreamed of my love.

My love graceful and slim
In sweet and soft voice
Addressed me in my dream：
"How can you know my suffering，
My fickle love，in endless night?
My yearning has dyed the early springtide.

Have you received the letters
I sent after we parted?
I've never the mood to take up my needlework
Since you departed.
My spirit has been flowing free，
Wherever you go，to keep you company."
— South of the Huaihe River mountains chill
In a bright moon；
She floats away in darkness，all alone.

扬州慢

姜　夔

　　此词写扬州在敌人烧掠之后，虽过多年，但一片衰败凄凉，生发出无限伤乱的情怀，很是动人心魄。

扬州慢

姜 夔

　　淳熙丙申至日,予过维扬。夜雪初霁,荞麦弥望。入其城,则四顾萧条,寒水自碧,暮色渐起,戍角悲吟。予怀怆然,感慨今昔,因自度此曲。千岩老人以为有黍离之悲也①。

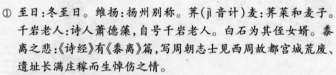

　　　　淮左名都②,
　　　　竹西佳处③,
　　　　解鞍少驻初程④。
　　　　过春风十里⑤,
　　　　尽荞麦青青。

---

① 至日:冬至日。维扬:扬州别称。荠(jì音计)麦:荠菜和麦子。千岩老人:诗人萧德藻,自号千岩老人。白石为其侄女婿。黍离之悲:《诗经》有《黍离》篇,写周朝志士见西周故都宫城荒废、遗址长满庄稼而生悼伤之情。
② 淮左:淮南东路。宋时扬州属淮南东路。
③ 竹西:扬州名胜竹西亭,附近环境幽美。杜牧《题扬州禅智寺》:"谁知竹西路,歌吹是扬州。"
④ 初程:词人初到扬州。
⑤ 春风十里:指扬州昔日繁华的景象。杜牧《赠别》诗:"春风十里扬州路,卷上珠帘总不如。"

自胡马窥江去后①,
废池乔木,
犹厌言兵。
渐黄昏,
清角吹寒,
都在空城。

杜郎俊赏②,
算而今、重到须惊。
纵豆蔻词工、
青楼梦好③,
难赋深情。
二十四桥仍在④,
波心荡、冷月无声。
念桥边红药⑤,
年年知为谁生?

---

① 胡马窥江:南宋高宗建炎三年(1129)金人初犯扬州。其后绍兴三十一年(1161)、隆兴二年(1164)扬州均遭兵劫。
② 杜郎俊赏:指杜牧风流英俊,善于游赏。
③ 豆蔻词工:杜牧《赠别》诗有"豆蔻梢头二月初"名句。青楼梦好:杜牧《遣怀》诗有"十年一觉扬州梦,赢得青楼薄倖名"之句。
④ 二十四桥:据称唐代扬州有二十四座名桥(沈括《补笔谈》)。杜牧《寄扬州韩绰判官》诗云:"二十四桥明月夜,玉人何处教吹箫。"又说二十四桥即吴家砖桥,又名红药桥,桥边盛产红芍药(李斗《扬州画舫录》)。
⑤ 红药:芍药花。扬州芍药,名于天下。

扬州慢

（过扬州）

公元1176年冬至那天，我经过扬州。下了一夜的雪，刚转晴，满眼是荠菜荞麦。进入扬州城，只见到处衰败零落，水寒冷清碧；暮色慢慢飘起，驻军的号角声音哀切。我满怀伤感，感慨今昔之变化，因此自谱了这个词曲，诗人萧德藻认为有《诗经·黍离》的悲痛。

这是一座淮河东部的名城，
竹西亭风光秀丽，
我途经此处解下马鞍稍作驻停。
十里扬州路春风送暖，
荠菜和麦苗一片青葱。
自从金兵渡江南侵，
废弃的石池、高大的老树，
还生怕说起兵荒马乱的惨景。
黄昏临近，
号角凄凉回响在寒空，
空城笼罩着暮色沉沉。

杜牧曾盛赞扬州的瑰丽，
如果他重来定会触目惊心。

即使他写过工巧的"豆蔻"诗句，

描摹过"青楼梦"的温馨，

也难以写出他此刻的心情沉重。

二十四桥风姿还在，

水波荡动,清冷的月影默默无声。

可叹桥边娇红的芍药花，

不知一年年为谁展现姿容?

注:白话诗名为译者所加。

Yang Zhou Man

Jiang Kui

On the winter solstice of the third year（1176）of the Chunxi reign I passed by Yangzhou. When the snow let up, a stretch of fieldcress met my eyes. I entered the city and looked around myself, only to see a desolate scene and freezing blue waters. As dusk deepened, horns could be heard from garrison barracks. Overwhelmed by grief, I composed this tune. In Xiao Dezao's opinion, my poem is evocative of the sadness expressed in the ancient lament "On a Fallen Capital".

At the famous city east of Huaihe River
And west of a stretch of bamboo
(Where the first stage of my journey ends),
I dismount to stay.
As I walk along the road
Once bathed in a reach of vernal breezes
I see green fieldcress on all sides.
Since Tartar cavalry pressed upon the Yangtse,
The city with abandoned moat and towering trees
Still hates all mention of the war.

As evening sets in, in the empty city
Chilly horns are echoing.
If Du Mu* the connoisseur of bygone beauty
Returned to life, he'd lament the lost glory.
His magic pen that described a cardamon-like girl
And dream-like time in blue mansions
Can no more tell a romantic story.
The twenty-four bridges,
Upon which fairies once played their flutes,
Are still there;
And below, in ripples the silent moon glows.
But, oh, for whom the red peonies by the bridges
Blow in every spring? Who knows? Who knows?

---

* Du Mu (AD 803-852?), a poet of Yangzhou, famous for his
poems about the city and the beautiful women there.

暗 香

姜 夔

这是作者写梅花的名篇。

暗 香

姜 夔

　　辛亥① 之冬，予载雪诣② 石湖③。止既月，授
简索句，且征新声。作此两曲，石湖把玩不已，
使④ 工妓隶习之，音节谐婉，乃名之曰《暗香》、
《疏影》⑤。

> 旧时月色。
> 算几番照我，
> 梅边吹笛。
> 唤起玉人，
> 不管清寒与攀摘⑥。
> 何逊而今渐老，
> 都忘却、春风词笔⑦。

---

① 辛亥：公元 1191 年。

② 诣：访问，拜访。

③ 石湖：范成大家，这里指范成大。

④ 使：让，命令。

⑤《暗香》、《疏影》：词名来自林逋的梅花诗句："疏影横斜水清浅，
　暗香浮动月黄昏。"

⑥ "唤起"二句：贺铸《浣溪沙》有"玉人和月摘梅花"句。

⑦ 何逊：南朝梁代诗人，酷爱梅花，有著名的《咏早梅》诗。春风词
　笔：何逊有《咏春风》诗，咏物工细。

但怪得、竹外疏花①，
香冷入瑶席。

江国，
正寂寂。
叹寄与路遥，
夜雪初积②。
翠尊易泣③。
红萼无言耿相忆④。
长记曾携手处，
千树压、西湖寒碧⑤。
又片片、吹尽也，
几时见得。

---

① 竹外疏花：借苏轼《和秦太虚梅花》诗"竹外一枝斜更好"意境。
② "叹寄"二句：南朝宋代陆凯曾折梅赠长安友人范晔，有"折梅逢
　驿使，寄与陇头人。江南无所有，聊赠一枝春"诗句。
③ 翠尊：绿酒杯。红萼：红梅。
④ 耿：不安之意。
⑤ 千树：宋时杭州西湖孤山多植梅。

暗 香

（梅 花）

公元 1191 年的冬天，我披着雪花访问范成大。留居一月有余，他交纸给我，要我写词给他，并征求新的腔调。我作了这样两支曲子，范成大很是欣赏，让乐工歌妓都来练习，音调节奏和谐婉丽，就命名为《暗香》、《疏影》。

往昔啊月光熠熠。
想想多少次照着我，
在梅林边吹奏短笛。
唤来美人，
不管天寒，和我一起把梅花摘取。
如今我像诗人何逊渐渐老了，
写春风梅花佳句的手笔都已忘记。
但奇怪的是却嗅到竹林外几点梅花，
清冷的幽香飘入华美的宴席。

这水乡湖泽，
正弥漫着清寂。
可叹无法将梅花向远方捎寄，
夜来的雪花刚刚铺了一地。

喝酒吧,酒入愁肠化作了相思泪。
红梅默默的思念带着颤抖的痕迹。
永远记得我和她曾携手同游,
孤山千万树梅花向清碧的西湖进逼。
又一度梅花片片凋落,
什么时候再见到她的姿仪。

注:白话诗名为译者所加。

Secret Fragrance

Jiang Kui

In the winter of the year Xin Hai（1191） I visited the poet Fan Chengda. It was snowing, and I stayed at his home for a month, during which time he offered me paper and asked me to write poems. These I should set to new melodies, which are these two tunes here. Fan appreciated them very much, reading them again and again. He gave instructions for the musicians and singsong girls to practise my tunes, whereupon I found them harmonious and melodious, and entitled them "Secret Fragrance" and "Dappled Shadows".

Oh, bright moon,
How many times have you seen me
Playing the flute beneath a plum tree in bloom?
I awoke my beauty from her sleep
And braving the cold together we plucked flowers.
I am old. Gone is my zeal
To sing of charms of springtime.
But strange enough, still
The cool fragrance of a thinly bloomed plum
Creeps out of the bamboo grove and
Invades my sleeping quarters.

In the silent night
The river-ridden land is still;
I want to send my love a bough,
But, alas!
The road is too long and deep in snow.
Even the green winecup in tears,
And silent red petals,
Recall the time
When we frisked hand-in-hand
By a chilly green lake
(Hugged by a stretch of plums).
Now the wind scatters the petals about.
When shall we see them bloom again?

疏　影

姜　夔

这是作者写梅花的名篇。

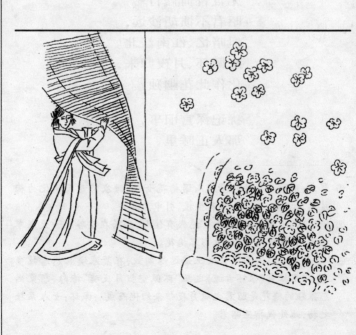

疏 影

姜 夔

苔枝缀玉。
有翠禽小小,
枝上同宿①。
客里相逢,
篱角黄昏,
无言自倚修竹②。
昭君不惯胡沙远,
但暗忆、江南江北。
想佩环、月夜归来,
化作此花幽独③。

犹记深宫旧事,
那人正睡里,

---

① 翠禽:用隋代赵师雄罗浮山遇梅花女神,绿衣侍童天亮化为梅枝翠鸟之典。苔枝:绿苔生枝,引申为绿枝。
② 倚修竹:化用杜甫《佳人》"绝代有佳人,幽居在空谷……天寒翠袖薄,日暮倚修竹"诗意形容梅花。
③ "昭君"四句:用西汉宫女王嫱远嫁匈奴,在荒寒漠北想念故乡事,化用杜甫《咏怀古迹》之三"环佩空归月夜魂"诗句,想象幽怨孤独的梅花是昭君之魂月夜归来幻化而成。佩环:女人系挂之物,此处代指王昭君。

飞近蛾绿①。

莫似春风，

不管盈盈，

早与安排金屋②。

还教一片随波去，

又却怨、玉龙哀曲③。

等恁时、重觅幽香，

已入小窗横幅④。

---

① "犹记"三句：用寿阳公主日卧含章殿檐下，梅花落额上，拂之不去，成五出花，后宫女仿效，兴"梅花妆"事（见《太平御览·时序部》）。蛾绿：青色而弯曲的眉毛。

② 盈盈：仪态美好，《古诗》"盈盈楼上女"。此指梅花。金屋：汉武帝幼时对姑母说："若得阿娇作妇，当作金屋贮之也。"（《汉武故事》）

③ 玉龙哀曲：指笛曲《梅花落》。玉龙，笛名。

④ 横幅：画幅。

疏　影
（梅　花）

绿枝上点缀的梅花玉一样晶莹。
有一对翠羽小鸟，
在枝头栖宿，相爱相亲。
旅行中遇到梅花，
暮色在篱边飘动，
像美人靠着修长的竹子沉默凄清。
王昭君远嫁匈奴不习惯无边沙尘，
暗暗思念江南江北风光似锦。
我想她的灵魂在月夜飞回故乡，
变作了这梅花高洁幽静。

还记得南朝皇宫过去的故事，
寿阳公主卧在檐下甜甜入梦，
一瓣梅花飘落额上，很轻得轻。
莫像春风一样，
不管梅花容颜消损，
要有早建金屋安置阿娇的惜花心情。
啊，片片梅花随波漂走，
却抱怨笛子曲《梅花落》为她招魂。

等到这时候再来寻找梅花的余韵，
她已画入小窗前挂着的那一幅丹青。

注:白话诗名为译者所加。

Dappled Shadows

Jiang Kui

Upon a mossy bough dotted with jade
Tiny green birds perch in pairs.
It's evening far from my home
In a distant land at the corner of a hedge
Where a plum silently blooms against a bamboo grove.

It's said that once a beauty
Married to a northern chieftain
Was tormented by sandy winds.
She yearned for her home on the Yangtse.
So on a moonlit night her spirit
Flew back home with rings and pendants
And turned into a lonely plum.

Yet another story: once
The plum printed her petals
Upon the forehead of a sleeping princess
And all palace girls followed the style.

Oh, don't be as apathetic as the spring wind
Towards the beaming flowers!
You should cherish them, as you

Cherish a beauty in a golden nest[*].
When the petals are carried away by flowing water,
And you complain of the flute that trills "On Fallen Plum";
Then you'll find their fragrant images
In the painted scroll by the window.

疏 影

宋 词

---

[*] Emperor Wudi(reigned 140-87 BC)of the Han Dynasty said, "If I can have A Jiao (his cousin and a beauty) as my wife, I'll put her in a golden house". Here the poet compares plum flowers to a beauty.

惜红衣

姜　夔

此词是作者游览千岩观赏荷花所作。但却透出他心中的孤寂,和对国土沦丧的牵挂。

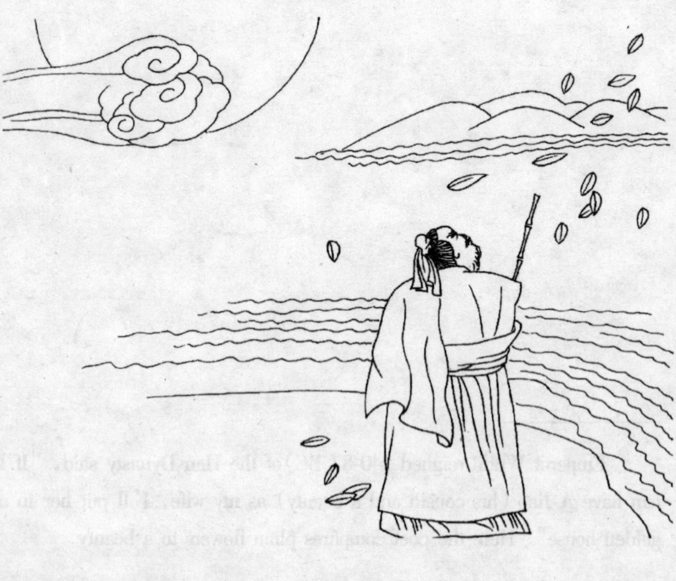

惜红衣

姜　夔

　　吴兴号水晶宫①，荷花盛丽。陈简斋②云："今年何以报君恩，一路荷花相送到青墩。"亦可见矣。丁未③之夏，予游千岩④，数往来红香⑤中。自度此曲，以无射宫歌之⑥。

　　　　簟枕邀凉⑦，
　　　　琴书换日，
　　　　睡余无力。
　　　　细洒冰泉，

---

① 词作于宋孝宗淳熙十四年(1187)。吴兴号水晶宫：杨濮守湖州，曾赋诗云："溪上玉楼楼上月，清光合作水晶宫。"其后遂以湖州为水晶宫。(吴曾《能改斋漫录》)

② 陈简斋：陈与义号简斋，绍兴四年(1134)任湖州太守。引文为其《虞美人》词中两句。

③ 丁未：淳熙十四年。

④ 千岩：在湖州弁山。

⑤ 红香：荷花。

⑥ 无射(yì 音义)宫：古乐十二音律之一。

⑦ 簟(diàn 音电)枕：竹制枕席。

并刀破甘碧①。
墙头唤酒,
谁问讯、城南诗客②。
岑寂,
高柳晚蝉,
说西风消息。

虹梁水陌,
鱼浪吹香,
红衣半狼藉③。
维舟试望故国,
眇天北④。
可惜渚边沙外,
不共美人游历⑤。
问甚时同赋,
三十六陂秋色⑥。

---

① 并刀:并州(今山西太原)出产剪刀,以锋利著称。甘碧:指香甜鲜碧的瓜果。
② "墙头"二句:用杜甫《夏日李公见访》诗中"隔屋唤西家,借问有酒不? 墙头过浊醪,展席俯长流"意。城南诗客:诗中杜甫所居"僻近城南楼",词人借以自比。
③ 虹梁:拱桥。红衣:荷花瓣。
④ 维舟:系舟。眇(miǎo 音秒):通渺,辽远貌。
⑤ 美人:此处指好朋友。
⑥ 三十六陂(bēi音卑):极言水塘之多。秋色:暗指荷花。王安石《题西太乙宫壁》诗云:"柳叶鸣蜩绿暗,荷花落日红酣。三十六陂春水,白头想见江南。"

惜红衣

（游千岩）

湖州又称水晶宫,荷花茂盛绚丽。陈与义说:"今年用什么报答你的恩情,一路荷花依依不舍送你到青墩。"也可见一斑。公元1187年夏天,我游历湖州千岩,几次往来于荷花中。自己制作曲调,用无射宫的音律来唱它。

竹枕竹席邀来了凉意,
弹琴读书消遣闲暇时日,
睡醒之后还觉得慵懒无力。
在庭院洒下清泉的水花,
快刀切开绿皮西瓜,慢慢尝试。
叫隔壁酒家送来好酒,
有谁把我这城南的诗人问起。
多么寂寞啊,
只有傍晚柳树高枝的蝉儿,
告诉我秋天到来的消息。

水渠上横着如虹的小桥,
鱼嘴喷出的浪花带着香气,
许多荷花凋落了红色的舞衣。

系住船儿举头远望，
祖国辽阔的北方踏着敌人的马蹄。
可惜这小洲旁沙堤外，
不能和好朋友一起游历。
问何时我们能一同写下，
无数荷塘的秋色艳丽。

注:白话诗名为译者所加。

On Red Lotus Petals

Jiang Kui

Wu Xing, also known as the City on Water, is noted for its brilliant and exuberant lotuses. Chen Yuyi's lines, "To repay your kindness this year / I'll escort you home with lotuses all the way", are evidence of this. In the summer of the year Ding Wei (1187) I visited Qianyan and passed by the lotus ponds several times. So I produced this tune and set its keynote to Wuyigong (B flat).

On cool and inviting bamboo mat and pillow
Browsing and plucking strings, I lead an idle life;
Listless after sleep, I spray icy water
On a melon, and cut it with a sharp knife.
I order wine from a peddlar beyond the wall
Then I feel keenly the loneliness —
Who'll come and comfort a poet in his roaming?
Breaking the silence at dusk
From high within the willows
The chirping of cicadas foretells the west wind's coming.

Bridges like rainbows fly across dikes
From the waves fragrance gushes forth.
Red petals half cover the pools' surface,

I moor my boat to gaze at the misty North.
But my home lies out of sight!
What a pity! I can not saunter
With the friend I miss on this islet's sandy shore.
— When shall we together sing
Of the autumnal splendour reflected on the water?

念奴娇

姜　夔

　　此词上片追忆在明南时畅游之事，下片写作者在杭州游西湖情景，以荷花串起全篇。

念奴娇①

姜　夔

　　予客武陵②,湖北宪治在焉③。古城野水,乔木参天。予与二三友日荡舟其间,薄荷花而饮④。意象幽闲,不类人境⑤。秋水且涸⑥,荷叶出地寻丈,因列坐其下,上不见日,清风徐来,绿云自动,间于疏处窥见游人画船⑦,亦一乐也。揭来吴兴⑧,数得相羊荷花中⑨。又夜泛西湖,光景奇绝,故以此句写之。

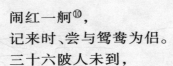

闹红一舸⑩,

记来时、尝与鸳鸯为侣。

三十六陂人未到,

---

① 词作于宋孝宗淳熙十六年(1189),时词人往来于湖州、杭州。

② 武陵:今湖南常德,宋名朗州武陵郡。

③ 湖北宪治在焉:宋朝荆南荆湖北路提点刑狱的官署在武陵。

④ 薄:靠近。

⑤ 不类人境:不像人间,意似仙境。

⑥ 涸:干竭之意。

⑦ 间:有时。

⑧ 揭(qiè音妾)来:来到。揭,发语词。

⑨ 相羊:徜徉。

⑩ 闹红:红荷盛开。宋祁《玉楼春》词有"红杏枝头春意闹"句。

水佩风裳无数①。
翠叶吹凉，
玉容销酒，
更洒菰蒲雨②。
嫣然摇动，
冷香飞上诗句。

日暮青盖亭亭，
情人不见，
争忍凌波去③？
只恐舞衣寒易落，
愁入西风南浦④。
高柳垂阴，
老鱼吹浪，
留我花间住。
田田多少⑤，
几回沙际归路。

① 三十六陂(bēi 音杯)：极言荷花塘之多。水佩风裳：李贺《苏小
　小墓》诗云："风为裳，水为佩。"这里形容荷叶荷花。
② 玉容销酒：红荷颜色如美女酒后红晕。菰蒲：水草。
③ 青盖亭亭：形容荷叶如绿伞亭亭玉立。凌波：曹植《洛神赋》"凌
　波微步，罗袜生尘"。
④ 舞衣：指荷叶。南浦：分别之地。江淹《别赋》："送君南浦，伤之
　如何。"
⑤ 田田：形容荷叶毗连。《古乐府》："江南可采莲，莲叶何田田。"

念奴娇

（船在荷花中）

　　我客居湖南常德，湖北提点刑狱的官衙设在这里。古城处处是流泉飞瀑，高大的树直插云霄。我与两三个朋友白天划船游历其中，在靠近荷花的地方饮酒。心意和景象幽静闲适，不同于人间。秋水干竭了，荷花离地高近一丈，因此按顺序排列而坐，仰看不见太阳，清风徐徐吹来，荷叶摇动，有时在稀疏处看见画船和游人，也是一件很快乐的事。去来吴兴，数次得以徜徉在荷花之中。这趟夜泛舟西湖，风景奇异绝妙，所以用这首词来描写它。

　　　　一只大船在盛开的荷花中游荡，
　　　　曾记得与鸳鸯结伴，在来时的路上。
　　　　人还没有进入荷塘深处，
　　　　已见无数荷花水为环佩风作衣裳。
　　　　绿叶迎风涌动清凉气韵，
　　　　花像刚消除醉意神采飞扬，
　　　　水草上又洒下细雨的轻响。
　　　　荷花倩笑轻摇腰肢，
　　　　我新写的诗句溶入一片清香。

　　　　暮色中荷叶撑起碧绿的伞盖，
　　　　荷花这个多情人不见了，
　　　　怎么忍心踏波而去，如此匆忙？

只怕你的红舞衣容易在寒风中凋落，

回到西风横扫的南浦心怀惆怅。

高高的柳树垂下浓荫，

肥老的鱼儿吐纳波浪，

我愿留住在这荷花的故乡。

密密匝匝的荷叶啊，

我多少次在水边的归途徘徊徜徉。

宋词

第三〇七页

注：白话诗名为译者所加。

Nian Nu Jiao

Jiang Kui

I once stayed in Wuling（present-day Changde, Hunan Province）, the seat of Hubei Prefecture, where the ancient city-walls and wild brooks are tucked away amidst towering trees. I rowed a boat with a couple of friends all day long on the water, drinking close by the lotus flowers. I found myself sequestered in repose as if were beyond the mortal world. It was autumn, and the water in the pools was low. The lotus leaves protruded from the surface on stems a dozen chi *long. We sat below leaves which swayed like clouds floating overhead. Now and then we peeped through them at the painted pleasure boats and this added to the fun of my day. After I came to Wuxing（present-day Huzhou, Zhejiang Province）, I had the opportunity to ramble among the lotus ponds on several occasions. Cruising on the West Lake（in present-day Hangzhou）at night, I was able to marvel at the brilliant scenery. I hereby commit these experiences to this poem.*

Pushing through the noisy red

My ship came in

In company with mandarin ducks.

In thirty-six unfrequented ponds

Swarmed lotus flowers

Wearing garments of water and pedants of winds.

Their emerald leaves emitted refreshing air

And pink petals like cheeks of a beauty aroused from

    drunken slumber

Enchant in a drizzling among the rushes.

As they swung with winsome smile

Their cool fragrance permeated my lines.

The dusk unfurls

A stretch of green umbrellas.

Oh, lotus, how can you fly away

On waves, parting your adorer?

I fear the chilly west wind will disrobe you of

Your petals, driving them into the south pool.

The shadows of willows and ripples of fish

Persuade me to stay with you.

How many times have I walked along this sandy shore

By this expanse of green?

译后记

聂鑫森

　　野莽君突出奇想，要编一套"古诗苑汉英译丛"。之所以有这样一个名称，乃是因为每一本包含有古诗词、题解、注释、白话译诗、英文译诗和美术插图。对于由古诗词翻译的白话诗，野莽君有着严格的要求：一句对着一句译，主要意思和主要语词都要体现出来，不能上下几句综合起来翻译；要按新诗的要求，合辙押韵，当然不需要押严格的"唐通韵"，可押宽韵，念起来一定要顺口好读。这并非一件易事。我被指令评注和翻译宋词，既是应友人之托，又想重新对宋词进行复习和加深印象，也就把这任务接受下来。

　　幼承家训，做中医的父亲曾在旧体诗词上对我进行过熏陶，因而自小及长，也常涂鸦试笔，或赠答友人，或题在画幅上，以为自娱和娱人，却极少拿出去发表。对先贤的古诗词作品，我挚爱如一，当然，也给我的新诗和小说创作带来许多好处。故而对此任务，津津乐道。

　　记得在北京大学念书时，曾有一位陈郁缀先生给我们开过一门《词学概述》的课。陈先生是一位词学专家，著述颇丰，而风度儒雅。我寻出当年的笔记翻阅，仿佛陈先生又出现在面前。他讲课语气急促而清晰，板书如急风掠水,字迹很清高,写可以跟上讲的速度。故一堂课下来,黑板下面尽是断劈的粉笔头,而他胸前则蒙着一层粉笔灰。这门课开了一个学期,确实是获益匪浅。在十多年后,对于我来操作这本书,也就有了许多便利。

翻检旧籍,寻觅资料;先细读原文,再进行评译。这活计并不是那么好干。常言道:"美文不可译",虽是指异国间文字的互译,但对翻译古曲诗词,又何尝不是如此!译作的目的是为了帮助读者更好地理解原作,而不是取而代之。古诗词的今译应该仍然是诗,要尽量保持原作的押韵和风格,做到严复所言的"信、达、雅"三条标准,其难度可知。

马上鞍,牛负轭,我只能尽力去做。

幸而有前人的各种典籍可供参考,以书为师,恂恂然。在遇到书上亦难解决的难题时,便把电话打到长沙去,向诗评家、作家李元洛先生,以及作家、编辑家弘征先生请教。他们二人皆年届花甲,又是饱学之士,指点迷津,豁然开朗。

集中所选的宋词,都是一些名家的名作,不但意境深远,而且造词遣句极为别致,手法多样。比如姜夔《踏莎行》中的开首二句"燕燕轻盈,莺莺娇软",因苏轼有"诗人老去莺莺在,公子归来燕燕忙"的诗名,"莺莺"、"燕燕"代指所爱的人。而姜词还有一层意思,即女子的体态如燕子一样轻巧轻灵,声音如莺语一样娇嫩柔软。于是便译成"情人的身影比燕子轻灵,情人的声音如莺语娇嫩"。像这样具有双层或多层含义的句子,要译出新的风貌确实颇费心思。

　　我在译作中，坚持一句比着一句译，尽量保证原意的呈现，尽量将关键词译出。但有时为了押韵，不得不把句子切断倒装。比如晏几道《临江仙》中的末二句："当时明月在，曾照彩云归"。译成了："当时的月光似乎还在眼前，曾照着她归去，如彩云一样娇美。"但我尽量控制不使用这种句式，只是在无可奈何时方一试之。

　　新诗的韵脚，自然比古诗词的韵脚宽多了，一般皆可一韵到底。也有特殊情况，使用了近似韵的方法，念起来仍然上口，这在新诗中是允许的。

　　另外，宋词中有些词人的作品除词牌之外，没有另外的题目。为了帮助读者能粗略一看便知是写的什么内容，我另加一个题目，在原词牌一打上括号。并在注中写明"为译者所加。"还有一些词，在词牌下有一行小序，就以它为题目；而带有比较长的序的，则另拟一个题目加在序前，亦注明为译者所加。

　　总之，完成此书后，仍是忐忑不安，粗疏之处一定存在，还乞望读者指谬。

　　是为记。

一九九九年十一月于

湖南株洲野外暇居